How to Increase Online Learning Engagement
Evidence from Knowledge Sharing Behavior in Virtual Community

如何提升在线学习参与度
来自虚拟社区知识分享的证据

黄 凤 著

中国科学技术大学出版社

内 容 简 介

本书为安徽省哲学社会科学规划后期资助课题"如何提升在线学习参与度:来自虚拟社区知识分享的证据"(AHSKHQ2020D07)的项目成果。基于虚拟社区知识分享与在线学习参与度之间的共通之处,详细论证了有关虚拟社区知识分享的研究理论及研究结论在在线学习参与度研究领域的迁移与应用;以旁观者效应理论为基础,为提升虚拟社区用户的知识分享行为提供了理论与实证支撑,同时为提高学生在线学习参与度提供了新的路径与方法,拓展了在线学习参与度的研究范畴。本书可为教育学和心理学研究者、虚拟社区和在线教育管理者提供切实可行的操作建议。

图书在版编目(CIP)数据

如何提升在线学习参与度:来自虚拟社区知识分享的证据/黄凤著. ―合肥:中国科学技术大学出版社,2023.6
ISBN 978-7-312-05571-3

Ⅰ.如… Ⅱ.黄… Ⅲ.网络教育—教育研究 Ⅳ.G434

中国国家版本馆 CIP 数据核字(2023)第 028336 号

如何提升在线学习参与度:来自虚拟社区知识分享的证据
RUHE TISHENG ZAIXIAN XUEXI CANYUDU: LAIZI XUNI SHEQU ZHISHI FENXIANG DE ZHENGJU

出版	中国科学技术大学出版社 安徽省合肥市金寨路96号,230026 http://press.ustc.edu.cn https://zgkxjsdxcbs.tmall.com
印刷	安徽省瑞隆印务有限公司
发行	中国科学技术大学出版社
开本	710 mm×1000 mm 1/16
印张	7.5
字数	131 千
版次	2023 年 6 月第 1 版
印次	2023 年 6 月第 1 次印刷
定价	45.00 元

前　言

随着信息技术的发展,在线学习已经成为教育领域中重要的学习方式之一。在政策层面,2017年1月,国务院印发《国家教育事业发展"十三五"规划》,其中明确提出了"拓展教育新形态,以教育信息化推动教育现代化,积极促进信息技术与教育的融合创新发展,努力构建网络化、数字化、个性化、终身化的教学体系"。在现实层面,2020年,受新型冠状病毒感染疫情的影响,在教育部"停课不停学"的政策之下,在线教育(即"网课")发挥了非常关键的作用。课程参与度是衡量学习者在线学习有效性高低的重要标志。因此,如何提高学习者参与在线学习的积极性,促使学习者全身心投入课程,真正发挥在线学习的优势,成为大众最为关心的问题。

虚拟社区知识分享是指个体借助以信息技术为支撑的虚拟空间(如论坛、社群、微博等)传播和扩散知识的行为,包括发帖求助、回复帖子、浏览帖子等行为。从这一定义可以看出,学习者参与在线学习讨论和互动本质上也是虚拟社区知识分享行为的一种,因此,将虚拟社区知识分享的研究结果应用到在线学习中是可行的,也是对当前关于在线学习参与度研究的重要补充和延伸,为在线学习参与的研究提供了新的视角。本书借助虚拟社区知识分享的研究结果聚焦提升在线学习参与度这一问题,即如何提问,什么样的问题能有效激发学习者参与讨论、互动的热情等,为一线教师准备在线课程互动和反馈内容提供具体的、可操作化的建议,切实提升学习者在线学习参与度。

本书共包括四个章节。第一章介绍了本书的研究背景;第二章介绍了虚拟社区知识分享行为和在线学习参与度的概念,并在此基础上详细论证了二者的共通之处;第三章介绍了旁观者效应视角下虚拟社区知识分享行为的研究及其结果;第四章简要总结了全书内容。

  本书是以我的博士毕业论文为基础完成的,在此,特别感谢我的博士生导师华中师范大学心理学院特聘教授洪建中老师,感谢他在论文完成过程中提供的悉心指导和耐心帮助,给予了我完成这篇论文的力量。感谢我的师妹陕西师范大学现代教学技术教育部重点实验室特聘研究员皮忠玲,是她鼓励我开始本书的写作,并在本书写作、出版过程中给予我无私的帮助。感谢我的同事合肥师范学院何青青老师在本书写作过程中给予我情感上的支持和鼓励。最后,本书引用了许多前沿研究成果,在此向本书所有参考资料的作者们表示感谢。

黄   凤

2022 年 6 月 6 日

目　录

前言 …………………………………………………………………（ⅰ）

第一章　绪论 ………………………………………………………（001）

第二章　在线学习参与度与虚拟社区知识分享行为的共通之处 ………（010）
　　第一节　在线学习参与度的内涵 …………………………………（010）
　　第二节　虚拟社区知识分享的内涵 ………………………………（014）
　　第三节　在线学习参与度与虚拟社区知识分享的共通之处 ………（022）

第三章　如何提升在线学习参与度：虚拟社区知识分享的研究发现 …（024）
　　第一节　提升在线学习参与度的理论视角 ………………………（024）
　　第二节　在线学习参与度与旁观者效应 …………………………（027）
　　第三节　旁观者对个体在线学习参与度的影响：虚拟社区知识分享
　　　　　　中的旁观者效应研究 ……………………………………（036）
　　第四节　提升在线学习参与度的策略：虚拟社区知识分享中存在旁
　　　　　　观者效应的实证研究 ……………………………………（046）
　　第五节　提升在线学习参与度的方法：有效改变虚拟社区知识分享
　　　　　　中旁观者效应的策略 ……………………………………（089）

第四章　结语 ………………………………………………………（097）

附录　实验帖子主题 ………………………………………………（100）

参考文献 ……………………………………………………………（102）

第一章 绪 论

中国互联网信息中心 2021 年 8 月发布的第 48 次《中国互联网络发展状况统计报告》指出,截至 2021 年 6 月,国内在线教育用户规模达 3.25 亿,占网民整体的 32.1%(CNNIC,2021)。网络的快速发展,极大地改变了人们的生活方式。人们通过网络获取或发布信息(即知识分享)、浏览新闻、购物、预定车票、玩游戏等。研究和实践表明,知识分享是个体使用网络的重要原因。在线学习是个体利用互联网进行知识分享活动的重要表现方式之一。为了充分发挥互联网的优势作用,促进优质教育教学资源共享,弥补乡村等偏远地区的教育短板,《2019 年国务院政府工作报告》明确提出"互联网+教育"。2017 年 1 月国务院印发的《国家教育事业发展"十三五"规划》中也明确提出积极拓展教育新形态,以教育信息化推动教育现代化,积极促进信息技术与教育的融合创新发展,努力构建网络化、数字化教学体系。在政策和现实需要的刺激下,各类慕课(MOOC)、视频公开课、网课等如雨后春笋般涌现出来,形成了丰富的在线学习课程体系。为应对 2020 年初在全国范围内爆发的新型冠状病毒感染疫情,教育部提出"停课不停学"的政策,在线学习发挥了非常关键的作用。经此一役,在线学习的力量更是不断发展、壮大,也引起了越来越多的学者、管理者和教育者的重视。

在线学习课程的建设和发布,打破了地域、时间、空间等客观条件对教育资源流动的阻碍,使得更广泛的群体能够参与到学习中来,获取知识、传播知识,促进优质教育资源共享,增加课堂趣味,提升学习效率,同时也使个性化学习成为可能。此外,在线学习有助于提升我国国民整体素养,能有效提升个体的工作表现和创造性,是提升团队和组织创造性的重要推动力(Tseng et al.,2011;Yan et al.,2013)。

一方面,各类在线课程平台、在线课程资源为个人提供了重要的学习机会,使得人人都获得教育机会成为可能,极大地提升了教育公平性。另一方面,个人参与在线课程、积极获取在线学习资源也是各类在线课程平台、在线课程资源得以存在并不断提升的基石和依据。积极参与在线课程讨论、互动的个人通过在线学习受益越大,对在线课程的评价也越积极,更可能继续参与其他在线课程的学习,也更有可能向他人推荐在线学习资源,从而扩大在线课程的知名度和用户群(Chen et al.,2010;Lin et al.,2009;Wu Sukoco,2010)。

放眼望去,在线教育领域一派繁荣,但在这繁荣的背后也存在着危机,其中最大的危机来自于在线学习参与度。疫情期间,一线教师们反映最多、最普遍的问题就是:无法和学生进行线下面对面的接触,沟通存在很多困难,结果就是学生对课程几乎没有兴趣,最糟糕的情况是学生浑水摸鱼,甚至干脆就不上课了。研究发现,即使是设计较好的课堂,当线上学习时间超过6周时,即使是优秀的学生也会出现懈怠的现象。家长也普遍反映,孩子在家听网课的状态基本是开着电脑听课,拿着手机刷短视频,根本没有投入到学习中去。在疫情期间,甚至有老师断言,疫情结束后,学生成绩必定出现两极分化,而出现两极分化的根本原因在于学生在网课学习过程中是否自律。

此外,关于早期在线课程的研究也发现了同样的结果:2011年,在大型网络公开课程项目Coursera开设之初,吸引了超过800万的学习者注册学习网络课程,但是2014年的调查数据显示,三年期间,参与注册的学习者中只有一半的课堂签到率,而且很多学习者甚至只听过一门课程;只有4%的学习者完成了课程学习并结业。跟小学生一样,网课学生也常常会发现自己难以坚持完成一门网课的学习:通常一天的学习、工作已经很累了,即使立了"要学习新技能"的目标,也很难执行下去。

这些数据背后反映了一个共同的问题:在线学习模式的平台问题、模式问题在技术上很早就被解决了,但是在线学习是否跟传统的课堂教学同样有效的问题并未得到解决。而暗含在这一问题背后的关键在于学习者的在线学习参与度:学习者的在线学习参与度受哪些因素影响,如何提高学习者的在线学习参与度都成了研究者、管理者、学习者迫切需要解决的问题。

在线学习参与度是衡量学习者参与在线学习有效性高低的重要标志(胡凡迪 等,2019)。研究表明,提高学生的在线学习参与度,不仅可以提高教学质量,发挥教学的社会性作用,还有助于激发课堂活力,使学生真正成为学习的主人(Astin,1984)。

大量研究表明,在线学习参与度对提升学习效果有许多积极的作用,包括提升在线学习满意度和继续参与在线学习的意愿(Alavi et al.,2005)。有研究者比较与他人互动的学习和独自学习,结果发现:与他人互动的学习者会花更多的时间整合、理解概念和想法,与他人互动还能促进问题解决,有助于训练批判性思维。一项关于合作学习的元分析结果表明,合作学习能显著正向预测学业成就,学业成就包括考试成绩、分数、平时表现和作品质量等(Johnson et al., 2000)。在线学习者参与互动和合作是促进在线学习效果最大化的最优途径。一项针对1406名在线学习教师的调查指出,他们认为提升在线学习效率最有效的途径包括:(1) 在线学习者与教师互动;(2) 与传统教室学习相比学生参与的水平;(3) 在线学习者之间的互动。总之,提升在线学习参与度是提升在线学习效率的重要途径之一。因此,对如何提升在线学习参与度的研究尤为重要。

当前关于在线学习参与度问题的研究,从课程设计、技术平台等宏观层面以及课程互动与反馈等微观层面探索了影响学习者在线学习参与度的因素,并提出了相应的建议,但是综合来看,这些建议较为笼统、模糊,不够具体,这使得建议的可操作性不强,在实际教学中难以施行。例如,众多研究者指出在线课程中,教师应多提问题,引导学习者参与课程互动、讨论和交流(胡凡迪 等,2019;文书锋 等,2017;谢耀辉 等,2020),但是如何提问题,什么样的问题能有效激发学习者参与讨论、互动的热情,已有研究并没有回答。

在线学习面临的学生参与度的困境,与虚拟社区平台当初遇见的困境如出一辙:虚拟社区平台的不断发展壮大以及虚拟社区参与人群的扩大,一方面有利于知识分享和知识创新,另一方面问题也随之出现了。调查发现,绝大多数虚拟社区知识分享活动中存在着"不平等参与"(participation inequality)现象,即虚拟社区中90%的用户从来不参与知识分享,9%的用户偶尔进行知识分享,只有1%的用户经常进行知识分享(Nielsen,2006)。即在虚拟社区平台中参与知识分享的旁观者效应发生的可能性也大大提升了,因此,如何打破旁观者人数对虚拟社区知识分享行为的消极影响,促使更多的个体、团队和组织在虚拟社区中进行知识分享成为虚拟社区管理者和研究者共同关注的话题。如调查数据所言,有90%的用户从不参与知识分享,解决这一问题并不会比解决在线学习参与度较低的问题更容易些。人们不禁思考:那些从来不参与知识分享的用户,其行为是否会对其他虚拟社区成员的知识分享行为产生影响?如果存在,为什么会有影响以及如何改变这些用户的消极影响并调动这90%的用户参与到虚拟社区知识分享中来?而这一系列问题并没有得到有效的解决。

早在2016年中国互联网络信息中心发布的第37次《中国互联网络发展状况统计报告》中就明确指出,随着易转化人群规模的逐渐减少,我国非网民的转化速度逐步减慢(CNNIC,2016)。这意味着虚拟社区等网络服务商不能再像以前那样依靠新网民的加入促进自身的发展与壮大,更重要的是需要通过调动已有用户的积极性、提升用户活跃度、加深用户参与水平等方式促进自身的发展。因此,如何改变这90%的虚拟社区用户可能产生的消极影响并调动他们参与知识分享的积极性对于虚拟社区的发展意义重大。从这个角度来说,有必要揭示虚拟社区中90%的用户不进行知识分享的行为对其他虚拟社区成员知识分享行为的影响,进而采取相应的策略,改变这90%的用户带来的消极影响并改变其不参与分享的行为,促使其参与到虚拟社区知识分享中。

正是出于提升虚拟社区用户参与知识分享行为的考虑,有大量研究者对虚拟社区中的知识分享问题进行了研究,并得出了一定的结论。首先,知识分享是知识在不同个体、团队和组织之间流动的过程。已有研究表明,人际互动因素如社会联结、信任、主观规范等是影响个体参与虚拟社区知识分享的重要原因。促进用户之间通过线上和线下交往,建立强社会联结、构建公平、平等、开放、相互信任的虚拟社区文化氛围,强调互惠原则对促进虚拟社区用户进行知识分享具有积极的借鉴意义。但是,这些研究只能说明在什么情况下个体更有可能参与虚拟社区知识分享,并不能解释虚拟社区知识分享中存在的不平等参与现象,更不能说明不平等参与现象对虚拟社区成员知识分享行为的影响。为什么在知识分享更加方便、快捷的虚拟社区中,经常参与知识分享的人数比率特别低?大多数人的不分享行为是如何影响其他成员的知识分享行为的?采取哪些措施可以提升虚拟社区参与知识分享的人数?这些问题都没有得到回答。

此外,虚拟社区知识分享,本质上是虚拟社区成员之间的互动过程。社区成员之间存在相互影响的关系,研究证实,平等、互惠是影响虚拟社区成员进行知识分享的重要因素(Chang et al.,2011;李金阳,2013)。绝大多数用户不参与知识分享的行为很明显不利于虚拟社区中平等、互惠关系的形成,也不利于其他虚拟社区成员进行知识分享。因此,有必要就这一问题进行深入探讨,了解这90%的用户不参与知识分享的行为对其他虚拟社区成员知识分享行为的影响,进而为促进更多的虚拟社区成员进行知识分享提供建议。

旁观者效应或许是解释虚拟社区知识分享中参与不平等现象的一个重要理论依据。除了社会联结、信任和主观规范外,其他旁观者也是影响虚拟社区知识分享的重要因素。社会心理学研究表明,其他旁观者的存在会显著降低个体行为的概率,研究者称之为旁观者效应。生活中的许多事件都存在着旁观者效应。其中,流传最广的是1964年发生在美国纽约街头的一起强奸杀人案,当时至少有38人听到受害者的呼救声,但没有一人前去帮助受害者或者报警。类似的事件还有很多:2011年,广东佛山的幼女小悦悦连续两次遭汽车碾压,最终伤重过世,其间,有18位路人路过,却没有一人伸出援手;2014年5月,山东招远一名女子在麦当劳遭6人殴打致死,围观人群中没有一人出手制止这一事件发生。Latane和Darley的一系列研究解释了上述现象产生的原因。他们在不同的实验情境中均发现:在存在其他旁观者的条件下,个体采取行动的概率更低,称为旁观者效应。

旁观者效应最早是在线下环境中提出来的。当前已有研究表明,在网络情境中也存在着旁观者效应。在网络情境中,在旁观者较多的条件下(如聊天组在线人数较多,电子邮件收件人列表中有超过两个以上的收件人,社交网络中帖子浏览人数/关注人数较多),个体做出相应行为(如知识分享行为、亲社会行为等)的概率越低。Markey(2000)最早在网络聊天组中考察网络情境中是否存在旁观者效应,研究发现,在不指定特定个体回答问题的条件下,网络聊天组中在线人数越多,从问题提出到得到回答之间的时间间隔越长。这一结果证实在虚拟社区知识分享中存在着旁观者效应。Lewis等(2004)在电子邮件情境中考察了旁观者人数对个体邮件回复行为的影响,结果发现在收件人列表人数较多(即存在其他旁观者)的条件下,邮件回复率显著低于收件人列表中只有一个人(即不存在其他旁观者)的条件。Voelpel等(2008)研究发现,相较于人数较少(100人以下)和人数较多(250人以上)的虚拟社区小组,在中等虚拟社区小组(100—250人)中,虚拟社区用户进行知识分享的概率最低。此外,Van Acker等(2014)根据网络知识分享的情境将知识分享分为人际知识分享(即分享的知识只有分享者和接受者可以看到,第三者看不到,比如通过一对一的在线聊天、电子邮件等形式进行的知识分享)和虚拟社区知识分享(分享的知识是公开的,比如在维基百科上编辑内容、上传资料到虚拟社区等行为)。该研究发现,相较于网络知识分享/虚拟社区知识分享,个体更愿意进行人际分享。在这一种分类方式中,人际知识分享与网络知识分享/虚拟社区知识分享最根本的区别就在于接受者人数即旁观者人数的差别。这一结果间接说明旁观者人数对虚拟社区用户知识分享行为的影响。上述研究结果直接(如Markey,2000;Lewis et al.,2004;Voelpel et al.,2008)或间接(如Van Acker,2014)地证实在虚拟社区知识分享中存在着旁观者效应。

从上述研究发现可以看出,旁观者效应为我们理解个体行为,尤其是虚拟社区成员的知识分享行为提供了新的理论和实践视角。那些不参与知识分享的90%的用户实际上就是虚拟社区知识分享中的旁观者,我们推测正是由于大量潜在用户(即旁观者)的存在,降低了个体做出知识分享行为的概率,从而导致实际上只有1%的用户经常参与知识分享这一结果,最终导致了不平等参与现象的产生。然而,实际情况是否如此,其他旁观者的存在具体是如何影响虚拟社区用户的知识分享行为的,是否有办法缓解旁观者人数对虚拟社区知识分享的消极影响等一系列问题并没有得到足够深入的研究。

整理虚拟社区知识分享中旁观者效应的相关研究可以发现,当前关于虚拟社区知识分享中旁观者效应的研究较少,既无法充分说明旁观者人数与个体的知识分享行为之间的关系,也没有说明虚拟社区知识分享中旁观者人数的作用机制。首先,就旁观者人数与个体行为之间的关系而言,当前主要存在两种理论解释:社会影响理论(social impact theory,Latane,1981)和社会作用模型(social influence model,Tanford et al.,1984)。社会影响理论认为,旁观者人数与个体行为决策之间存在线性关系,人数越多,个体做出行为的概率越低;社会作用模型则相对委婉,提出旁观者人数与个体行为决策之间是非线性关系,即当旁观者人数增加到一定数量时,个体做出行为的概率就保持在一个相对较低的水平不再继续下降。在虚拟社区环境中,个体的知识分享行为与旁观者人数之间到底是线性关系还是非线性关系并没有得到回答。

其次,先前关于旁观者效应的研究发现,旁观者人数主要通过以下两个因素影响个体的行为:(1)感知到的责任感。随着旁观者人数的增加,个体感知到的采取行动的责任感降低了,从而降低其行为概率。(2)评价担忧。由于其他旁观者的存在,个体害怕自己的行为不当引来他人的负面评价,从而降低其行为概率。例如,Obermaier等(2014)考察旁观者人数对个体干预网络欺凌行为的影响发现,在旁观者人数较多的条件下,个体感知到的干预网络欺凌行为的责任感越低,采取行动干预网络欺凌事件的意愿也越低,感知到的责任感在旁观者人数和干预意愿之间起中介作用。在虚拟社区中,旁观者人数是不是同样通过感知到的责任感和评价担忧影响个体的知识分享行为呢?先前有关虚拟社区知识分享影响因素的研究表明,感知到的责任感、评价担忧是影响个体知识分享意愿和行为的重要前因变量。例如,Fang和Chiu(2010)针对专业虚拟社区研究发现,用户的责任感能显著预测个体的持续知识分享意愿;Eisingerich等(2015)考察线上与线下口碑之间的差别时发现,在线上环境中个体感知到的评价担忧更高,进而更不愿意在线上分享商品相关信息,评价担忧

第一章 绪　论

在线上沟通和分享商品相关信息之间起中介作用。基于此,本研究拟考察旁观者人数多或少时是如何通过感知到的责任感和评价担忧影响虚拟社区用户的知识分享行为的,以便深入了解虚拟社区知识分享中旁观者效应的中介机制,进而解释虚拟社区知识分享中的旁观者效应是怎么发生的。了解虚拟社区知识分享中旁观者效应是怎么发生的,有助于揭示旁观者人数影响虚拟社区知识分享的作用机制,从而为缓解旁观者人数的消极影响、改变虚拟社区知识分享中的不平等参与现象提供具体可行的建议。

值得庆贺的是,旁观者效应并不是一成不变的,在一定条件下,旁观者人数多少对个体行为的影响与传统的研究结果并不一致——即其他旁观者的存在并不会影响个体的行为概率,这说明在旁观者人数与个体行为关系之间还存在着其他调节变量。例如,Fisher 及其同事(2006)研究发现,如果事件比较紧急,如在高危险(即求助者/受害者可能受到更大伤害)的情境中,旁观者的存在不会影响个体阻止事件发生的概率。甚至有研究发现旁观者效应出现反转的现象,即旁观者人数越多,个体的干预意愿越高(Eisingerich et al., 2015)。还有研究还发现,当旁观者之间存在朋友关系时,旁观者人数的增加会提升个体干预攻击行为的概率;此外,当一群女性被试目睹女性受害者/求助者被攻击时,她们的干预意愿比一个女性目睹同样事件时更高(Levine, 2008)。这些研究结果表明可以通过采取一定的措施(如强调事件的紧急程度、调整旁观者和求助者之间的关系等)缓解旁观者人数对个体行为的消极影响。总之,个体采取行动的概率可能不仅仅受旁观者人数的影响,还可能受到其他事件相关变量,如事件的紧急程度和群体关系变量如旁观者与求助者之间的关系等的影响。当前已有研究、考察较多的事件相关变量和群体关系变量主要有:事件的紧急程度、清晰和具体程度、求助者相关属性、其他旁观者属性、个体的自我意识等。在虚拟社区知识分享中,旁观者人数与知识分享行为之间的关系是否同样会受到这些事件相关变量和群体关系变量的调节呢? 验证这些事件相关变量和群体关系变量在虚拟社区知识分享中的调节作用,了解虚拟社区知识分享中的旁观者效应是怎么发生变化的,可以为缓解旁观者人数的消极作用提供具体可操作的建议,进而为旁观者效应的干预提供理论和技术上的支持。

基于上述论证,有研究结合情境实验法和大数据挖掘法,考察旁观者人数对虚拟社区用户知识分享行为的影响及其作用机制。研究目标是在虚拟社区情境下,考察:(1) 虚拟社区知识分享中是否存在旁观者效应以及旁观者人数与个体知识分享行为之间的关系是遵循社会影响理论(线性关系)的解释还是符合社会作用模型(非线性关系)的预期;(2)旁观者人数是如何通过感知到的责任感和评价担忧影响个体的知识分享行为的,即虚拟社区知识分享中旁观者效应是如何发生的;(3)事件的紧急程度、清晰和具体程度、知识求助者/发帖人属性以及旁观者与旁观者之间的关系在旁观者人数和知识分享行为之间的调节作用,即虚拟社区知识分享中旁观者效应是如何发生变化的。最后,研究者采用大数据挖掘法,从真实虚拟社区——小木虫论坛中挖掘旁观者人数和知识分享相关的数据,分析旁观者人数与虚拟社区知识分享的时间间隔之间的关系,验证情境实验研究结果的真实性和可靠性,以便真实地了解虚拟社区知识分享行为中存在的旁观者效应。从旁观者效应的视角,探讨不参与知识分享用户的行为是如何影响其他虚拟社区成员的知识分享行为,不仅有利于我们更为深入地了解虚拟社区知识分享的发生机制,更重要的是有助于探讨虚拟社区知识分享的干预机制,从而为提升虚拟社区用户的知识分享行为、转变虚拟社区知识分享中存在的不平等参与现象提供有效的实证依据。

而实证研究结果证实:(1)虚拟社区知识分享中存在旁观者效应,且旁观者人数与个体的知识分享行为之间的关系遵循社会作用模型的预期:即旁观者人数越多,个体进行知识分享行为的数量越少,但是随着旁观者人数的线性增加,个体的知识分享数量并没有表现出线性减少的趋势,而是稳定在一个比较低的水平上。(2)改变事件的紧急程度、清晰和具体程度、求助者的个体属性以及旁观者与旁观者之间的关系能有效缓解虚拟社区知识分享中存在的旁观者效应。具体表现为:当在帖子主题中突出想要迫切得到回答时,即使旁观者人数较多,个体也更倾向于做出知识分享行为;当帖子主题详细描述需要求助的问题时,也能达到同样的效果。此外,如果求助者提供的个人信息能够让个体将其视为内群体成员或旁观者之间互相认识时,也能有效降低旁观者人数对个体知识分享行为的消极影响。

如前文所言,虚拟社区知识分享是指个体借助以信息技术为支撑的虚拟空间(如论坛、社群、微博等)传播和扩散知识的行为,包括发帖求助、回复帖子、浏览帖子等行为。从这一定义可以看出,学习者参与在线学习讨论和互动本质上也是虚拟社区知识分享行为的一种,因此,将虚拟社区知识分享的研究结果应用到在线学习中是可行的,也是对当前关于在线学习参与度研究的重要补充和延伸,为在线学习参与度的研究提供了新的视角。

基于上述的研究结果,以及虚拟社区知识分享行为与在线学习学习者参与课程的共通之处,本研究拟借助虚拟社区知识分享的研究结果聚焦这一问题,即如何提问,什么样的问题能有效激发学习者参与讨论、互动的热情,为一线教师准备在线课程互动和反馈内容时提供具体的、可操作化的建议,切实提升学习者在线学习的参与度。

在接下来的章节中,我们首先在详细论述在线学习参与度与虚拟社区知识分享的内涵的基础上,对比分析了二者的共通之处,为将虚拟社区知识分享行为研究领域相关的理论和研究结果应用到在线学习参与度研究领域奠定基础;其次重点介绍了虚拟社区知识分享行为领域关于旁观者效应的研究结果;之后具体解释了虚拟社区知识分享行为研究领域的理论和研究结果可以如何运用于在线学习参与度的研究;最后对全书的内容做一个简要的总结,同时提出了未来一个重要的研究方向:基于虚拟社区知识分享行为旁观者效应的研究所得出的结论、提出的建议是否真的能有效提高学习者在线学习的参与度,并有必要进行实践检验。

第二章 在线学习参与度与虚拟社区知识分享行为的共通之处

第一节 在线学习参与度的内涵

一、在线学习的概念

20世纪80年代,在线学习开始出现(Harasim,1989)。不同的研究者对在线学习的界定并不一致。有研究者认为在线学习是"完全"在线学习的一种学习模式(Oblinger,2005);也有研究者仅仅从它使用的技术媒介或背景定义它(Lowenthal et al.,2009)。大多数研究者认为在线学习是指通过使用某种科学技术获得学习经验的过程(Benson,2002;Carliner,2004;Conrad,2002),其是远程教育进一步发展的结果,使得更多的学习者获得学习机会。也有研究者不仅讨论了在线学习的易得性,还探讨了在线学习的联结性、灵活性和提供多样化交流的可能性(Cleveland-Innes et al.,2004;Hiltz et al.,2005;Oblinger,2005)。整体来看,在线学习的发展与信息技术的发展密切相关,是基于技术的学习,是信息技术影响学习模式的重要表现。与传统教育模式相比,在线学习具有明显的优点:方便快捷、学习资源丰富,可以灵活制定个性化学习内容,可以有效促进学习资源共享,减少教育不平等现象。

二、在线学习参与度的概念

虽然研究者们一致认为在线学习参与度是在线学习的核心问题,但对在线学习参与度的界定并没有达成一致。Hrastinski(2009)通过梳理文献,将在线学习参与度分为低水平定义和高水平定义两类。低水平定义是指那些使用一些"简单"的方式界定在线学习参与度的定义,那些"简单"的方式包括使用量化的方式,如学习者在学习平台上花费的时间(例如,Davies et al.,2005)或者学习者在平台上阅读或发表的消息数量(例如,Lipponen et al.,2003)。低水平定义的一个典型代表是将在线学习参与度定义为:至少可以界定两种类型的在线学习参与度,一种是发消息,一种是读消息(潜水)(Lipponen et al.,2003)。

高水平的定义是指那些包含了低水平定义概念的内容,但同时强调在线学习参与度是一个复杂的现象的定义。受社会学习理论的影响,有一些定义指出参与度不是学习者可以自由选择参与或不参与的活动,参与度有不同的水平,但不存在绝对的有或无(Wenger,1998)。这意味着参与度不仅仅发生在学习者学习的时候,也发生在发或读消息的时候。从这个角度出发,学习者的感知才是理解参与度概念的核心所在。下面的定义就提出了在线学习参与度的复杂性问题:我们将参与度界定为为了积极学习而加入或参与某个对话,但这不仅仅指学生在讨论区里发表的帖子数量(Vonderwell et al.,2005)。

在区分低水平和高水平定义的基础上,Hrastinski(2009)总结了四条在线学习参与度的核心特征。第一,在线学习参与度是参与和维持与他人关系的复杂过程。这是将在线学习参与度与团体的概念类比得出的结论。例如,有研究者将参与度定义为归属于某个团体(Jaldemark et al.,2006)。参与并感觉到是某个团体的一分子是团体感的一个重要方面,对团体的归属感越强,越愿意参与团体;也更愿意帮助他人。此外,学习团体的概念与在线学习参与度也联系紧密。学习团体是一群共享目标和文化的人聚集在一起。学习团体里的人通常一起工作,互相学习,也从团体的文化和环境中获益(Wilson,1996)。从团体和学习团体的概念中,可以发现它们和在线学习参与度之间存在重合之处。此外,在线学习参与度还可能包含一些冲突性的、竞争性的关系在里面。

第二,在线学习参与度受物理技术和心理技术的影响。随着科学技术的不断发展,不断有新技术改变我们交流和使用外界资源的方式。最直接的表现就是信息技术的发展使得远程沟通、交流变得更加便捷和便宜。维果斯基区分了物理和心理两种类型的工具。在在线学习中,物理工具(如电脑)帮助人们达到目标。心理工具(如语言)与物理工具共同发挥作用。例如,当我们使用电脑(物理工具)接入互联网后,才有可能使用语言(心理工具)与他人沟通。语言和沟通是人类学习最显著的特征,但是当在线学习强调自我导向的学习时,沟通的重要性被大大忽略了。然而,在在线学习中,信息技术使得教师和学生之间的频繁互动成为可能,这反过来使得教师和学习者能分享更多的经验和信息,从而进行合作性学习。

第三,在线学习参与度不等同于说或写。在线学习参与度同时发生在个体和群体层面。所以即使有时候个体没有直接参与到对话中,他们在社会层面也是有可能参与了的。当前在线学习的研究中,我们常常使用学习者在讨论区发表的帖子数量评估他们的在线学习参与度。这种测量方式背后暗含的意思很明显:不经常在讨论区发帖的学习者是"消极的接受者而不是积极主动的学习者"。但是,只读并不等同于消极参与,读可能包含着思考和反思。因此,研究在线学习参与度时仅仅依靠量化的方式,比如学习者发表的帖子数量是远远不够的。

第四,在线学习参与度可能包含同伴之间的合作,但它包含的不只是同伴合作,而是包含各种关系。根据合作学习的相关理论,学习与其说是个人的事情,不如说是社会的事情。在线学习参与度包含各种类型的关系,包括和谐性的、冲突性的关系,也包括政治性的、竞争性的、合作性的关系。

三、在线学习参与度的影响因素

在线学习参与度影响因素的问题是当前研究者最为关心的问题,是目前在线学习参与度研究领域的热点问题。整体来看,已有研究主要从以下三个方面考察了在线学习的影响因素:一是学习者特征,二是教师特征,三是课程设计。下面我们将围绕这三个方面介绍有关在线学习参与度影响因素的相关研究。

(一)学习者特征

大量的研究者探讨了学习者的个人特征对其在线学习参与度的影响,这些个人特征包括性别、年龄、专业、所处地区的经济发展水平、感到的有用性、满意度、内在动机等。

研究发现,性别会对在线学习参与度产生影响,相比较而言,男性参与的在线课程数量更多,特别是在高等教育水平的课程(如本科生课程和研究生课程)中,性别差异更明显;而在高中课程里性别差异则不明显(Kizilcec et al.,2013)。此外,男性和女性在对待学习资源的态度上也存在差异,女性认为学习资源在在线学习过程中更重要(赵美玲 等,2020)。年龄对在线学习课程的影响不大,不同类型的课程里,不同年龄段的学习者都有(Kizilcec et al.,2013)。

此外,学习者的学习动机包括内部动机和社会交往动机,其也会影响学习者的在线学习参与度。研究表明,内在动机是影响在线学习参与的关键变量,激发个体的内在动机能有效改善个体的在线学习参与度(牟智佳,2017)。学习性社交动机也会对个体的在线学习参与度起积极作用,学习性社交动机通过激发学习者主动参与社交、构建社交网络关系的方式促进分享的发生,进而调动学习者参与在线学习的热情和积极性,进而提升其在线学习参与度(田阳等,2017)。

个人的学习兴趣(Shin Yil,2015)、学习风格(Hone et al.,2016)、学习自我效能感(简菁,2016)、感知的有用性(牟智佳,2017)、满意度(牟智佳,2017)等个性特征也会对学习者的在线学习参与度产生影响。

(二)教师特征

教师特征是影响在线学习参与度的第二大因素。教师特征包括教师的个性特征,如教师是否幽默;教师的教学特征,如教师在教学过程中是否出镜,是否提供教学反馈等。研究发现,幽默的教师在在线课程中更能吸引学生的注意力,能有效地提高学习者在线学习参与度(Baker et al.,2012)。

教师的教学特征对学习者在线学习参与度的影响更大,包括教师在教学过程中是否出镜、以什么方式出镜、教师出镜时是否使用手势等均会对在线学习参与度产生影响。皮忠玲等(2020)研究发现,在教学视频中教师在教学中直视镜头且表现出积极情绪的面部表情时,能有效地促进在线学习者的参与度。提供及时有效的教学反馈(Sull,2012)、选择恰当的教学活动(Kelly,2012)以及额外的课程资源(Sull,2012)也会对学习者的在线学习参与产生积极影响。

(三)课程设计

课程设计包括教学视频中知识的呈现方式(李明辉,2010)、课程时长、课程难度和课程便捷性(胡凡迪 等,2019)等,也会对个体的在线学习参与度产生影响。

此外,研究还表明课程平台相关的特点,如平台的易用性(Selma,2005)、平台是否有支持在线讨论区域等学习服务的功能等对学习者的参与度影响较大。平台的学习氛围是否愉悦也会对个体的在线学习参与度产生影响(Simona,2013)。

第二节 虚拟社区知识分享的内涵

一、虚拟社区的概念

目前研究者并没有就虚拟社区的定义达成统一认识。当前使用最普遍的是 Lee 等（2003）提出来的概念。他们在抽取有关于虚拟社区的定义共同点（① 网络空间；② 以计算机为基础的信息技术；③ 沟通、交流、用户创造内容；④ 关系）的基础上将虚拟社区定义为：以计算机技术为基础的信息技术支撑的网络空间，该空间重点关注用户之间的交流和沟通以促进用户创造内容，从而促进关系的建立。这一定义既包含了虚拟社区自身的特点，也阐明了虚拟社区的功能，目前有关虚拟社区知识分享影响因素的研究，也主要以该定义为参照（例如，Hsu et al.，2007）。基于此，本研究中的虚拟社区是指以信息技术为支撑的虚拟空间，个体因共同的兴趣、爱好、目标等在这一虚拟空间中就某类主题进行沟通、交流，最终促进个体之间关系的建立。个体在虚拟空间中就某类主题进行沟通、交流的过程就是知识分享的过程，知识分享是虚拟社区中重要的活动之一。

二、虚拟社区知识分享的概念

目前，研究者对知识分享存在三种认识：第一，行为观，即认为知识分享是向他人传播和分享有价值的知识的行为（Bock et al.，2005；Ryu et al.，2003）；第二，过程观，即认为知识分享是通过信息媒介将知识转移，从而他人可以将其纳入到已有知识中去的过程（van den Hooff et al.，2004；Wijnhoven，1998）；第三，活动观，即认为知识分享是个人、团体或组织转移或扩散知识的活动（Lee，2001）。这三种观点的共同之处在于：均认为知识分享是知识在不同个体、团体或组织之间的传播和扩散。基于此，本研究将知识分享定义为知识在不同个体、团体或组织之间进行传播和扩散的过程。虚拟社区则是知识传播和扩散的一个新平台，虚拟社区中所有符合这一定义的行为都属于知识分享，如虚拟社区成员的发帖求助、回复帖子、浏览帖子等行为均为知识分享行为。这一定义也说明了知识分享的双向性,即在知识转移过程中,必然有一方给予知识,一方接受知识。知识分享同时包含了知识寻求或接受以及知识给予或分享这两种形式。知识寻求或接受行为指个体从外界获取知识、信息的行为;知识给予或分享是指个体主动或被动地与他人分享自己的知识、经验的行为。而本研究中,我们将关注的重点放在个体的知识给予或分享行为上,即考察旁观者人数是如何影响个体与他人分享自己的知识、经验的行为的。

目前关于虚拟社区知识分享的研究中,虚拟社区知识分享的测量主要包括知识分享行为和知识分享意愿这两个方面。知识分享行为(knowledge sharing behavior)是指个体在虚拟社区中进行知识寻求/接受以及给予/分享活动的频率、数量和质量等。具体来说,虚拟社区中的知识分享行为包括:发帖求助、单纯浏览、回帖、评论、转发、上传资料等(徐美凤,2011)。知识分享意愿(knowledge sharing intention)指的是个体在多大程度上愿意通过虚拟社区获取或传播信息,即个体在虚拟社区中进行上述知识分享行为的意愿(例如,Pi et al., 2013;Tseng et al., 2014)。虚拟社区知识分享的测量体系具体见图 2.1。

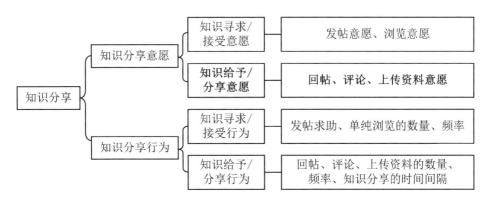

图 2.1 虚拟社区知识分享的测量体系

整理相关研究发现,已有的关于虚拟社区知识分享的研究关注的侧重点并不相同。有研究者重点关注的是知识分享意愿或行为,但并不区分知识寻求/接受和知识给予/分享意愿和行为(例如,Cheung et al., 2013;Hung et al., 2013);也有研究者仅关注知识寻求/接受意愿或行为(例如,Liao et al., 2012;Lu et al., 2010)或只关注知识给予/分享意愿或行为(例如,Jeppesen et al., 2009;Wasko et al., 2005;Pi et al., 2013);部分研究同时考察了知识寻求/接受和知识给予/分享的意愿和行为(例如,Ridings et al., 2002;Park et al., 2014)。而且,相比较而言,研究者更多地考察的是知识给予/分享意愿,而非真实的知识分享行为，甚至将知识分享意愿和知识分享行为等同起来。然而，在实际情况中，个体的知识分享意愿并不一定会转化为知识分享行为。例如，第35次《中国互联网络发展状况统计报告》调查发现，有60%的网民表示比较愿意在网络中分享知识（CNNIC，2015）。然而，根据各虚拟社区发布的统计资料显示，只有30%的虚拟社区用户积极参与知识分享（徐美凤等，2011）。愿意进行知识分享和实际做出知识分享行为的个体数量的不匹配说明，知识分享意愿与知识分享行为并不存在一一对应的关系。对于虚拟社区来说，个体使用虚拟社区获取知识对虚拟社区的存活作用较小，个体在虚拟社区中贡献自己的知识才是虚拟社区成功的关键。这也是为什么研究者和社区管理者关心虚拟社区中存在的不平等参与现象的重要原因——90%的用户不参与虚拟社区知识分享行为对虚拟社区的存活和成功具有非常大的阻碍作用。鉴于此，本研究重点考察了虚拟社区中的知识给予/分享行为，即主要考察旁观者人数是如何影响个体的回帖、评论及上传资料的行为的（见图2.1中加粗部分），从而为促使个体参与虚拟社区知识分享提供指导，进而改变虚拟社区中存在的不平等参与现象。

三、虚拟社区知识分享的影响因素

由于知识分享对虚拟社区的存活和发展具有重要的意义，大量研究考察了影响个体参与虚拟社区知识分享的因素。通过文献搜索和整理发现，已有研究主要从以下四个方面考察了影响虚拟社区知识分享的因素：个体因素、群体因素、虚拟社区因素和社会文化环境因素。个体因素主要是指个人特征如性别、年龄、人格、自我效能感等因素的作用；群体因素主要探讨的是虚拟社区中成员之间的关系，如联结强度、信任、归属感等因素的作用；虚拟社区因素主要是指虚拟社区自身的系统质量，如系统的易用程度、好用程度、稳定性等，信息质量，如信息的完整性、准确性、及时性以及虚拟社区文化氛围等因素的作用；社会文化环境因素则主要是指个体主义文化或集体主义文化等宏观因素的作用。下面将主要从这四个方面介绍虚拟社区分享影响因素的相关研究。

（一）个体因素

年龄对个体的行为方式（如网络、虚拟社区使用行为）有着重要的预测作用（Wagner et al.，2010）。考察虚拟社区知识分享影响因素时，研究者通常将年龄作为一个控制变量（Lai et al.，2014）。目前关于年龄与虚拟社区知识分享之间的关系并没有得出一致结论。例如,Lai 和 Chen(2014)研究发现,年龄不能预测虚拟社区用户的知识分享行为。Van Acker 等(2014)的研究同样证实了这一结果,然而,Zheng 等(2013)在考察信息质量和系统质量对虚拟社区知识分享的影响时发现,年龄对用户的持续知识给予意愿(continuance intention to provide)有显著的负向预测作用,即年龄越大的用户越不愿意与他人分享自己的经验、知识等。这些研究结果之间的不一致可能是由以下原因引起的:首先,被试年龄分布不一致引起研究结果不一致。例如,Lai 和 Chen(2014)和 Van Acker 等(2014)的研究中 80% 以上的用户年龄范围在 21—50 岁之间,50 岁以上的被试只占 6.2%,而 Zheng 等(2013)的研究中被试的年龄范围分布相对比较均衡,41—60 岁之间的被试占 26.3%,60 岁以上的被试占 14.2%。其次,年龄与知识分享意愿之间存在的负相关关系,可能是由于老年人对自己较低的认知评价引起的,例如较低的知识分享自我效能感。

此外,人格也是影响个体使用虚拟社区的重要因素之一(Amichai-Hamburger et al., 2010),进而有研究者探讨了人格与虚拟社区知识分享之间的关系(Jadin et al., 2013)。例如,Jadin 等(2013)以扩散理论和社会价值定向理论为基础,考察了观念领导者、潮流领导者以及亲社会价值定向这三个人格特征对虚拟社区成员知识分享行为的影响,结果发现希望引领潮流的个体和拥有较高亲社会价值定向的个体表现出更多的知识分享行为。

第三,研究者以社会认知理论为基础,考察了知识分享自我效能感与虚拟社区知识分享之间的关系(Park et al., 2012;李枫林 等,2011)。知识分享自我效能感是在班杜拉自我效能感的概念上提出来的,它是指个体对自己能否与他人分享有用的知识的评价(Zhang et al., 2014)。知识分享自我效能感是考察的最多的影响虚拟社区用户知识分享行为的个体因素,所得出的研究结论也比较一致。例如,Park, Oh 和 Kang (2012)在研究中发现,知识分享自我效能感可以显著预测个体在维基百科上传内容的意愿。国内研究者同样发现,自我效能感可以显著预测虚拟社区用户的知识分享意愿(李枫林 等,2011)和知识分享行为(赵越岷 等,2010)。此外,研究证实,自我效能感不仅可以直接影响个体的知识分享意愿,还能通过影响用户的态度、感知到的行为控制以及个人结果预期等因素,间接影响个体的知识分享意愿和知识分享行为(Ho et al., 2011)。自我效能感对用户参与虚拟社区知识分享的影响不仅体现在其能积极预测知识分享行为,还表现在低自我效能感对知识分享的阻碍作用上(Lee et al., 2006)。Lee 等(2006)通过两个开放式问题调查虚拟社区用户是否参与过知识分享以及为什么进行或不进行知识分享,结果发现,41%的被试表示其不分享的原因是知识分享的自我效能感低——认为自己的知识、经验没有价值,在分享之前需要先了解一些相关问题等。

第四,个人动机是解释个体行为意愿和行为最有力的指标。在考察虚拟社区知识分享动机时,研究者主要探讨了声望(reputation)、乐于助人(enjoying helping others)以及利他主义(altruism)的影响(Chang et al., 2011;Pi et al., 2013;李金阳,2013)。研究一致发现,乐于助人和利他主义动机可以显著正向预测用户的知识分享意愿和行为(Chang et al., 2011;蔡剑 等,2012)。然而关于声望对虚拟社区知识分享的影响,研究结果各不相同(Chang et al., 2011;Sun et al., 2009;蔡剑 等,2012)。例如,Chang 和 Chuang(2011)、蔡剑和詹庆东(2012)的研究发现用户愿意分享知识以获得个人声望;而 Sun 等研究则发现个人声望与虚拟社区知识分享行为之间存在显著负相关关系;此外,还有研究发现个人声望不会影响虚拟社区的知识分享意愿和行为(Lai et al., 2014;吴琼 等,2011)。这些研究结果表明,为了促进用户参与虚拟社区知识分享行为,虚拟社区管理者们应更多地从用户角度出发,鼓励其帮助别人,强调其知识分享行为对他人的帮助作用。

(二)群体因素

社会资本理论将用户在虚拟社区中形成关系表述为社会联结(social interaction/ social ties/ social interaction ties),这一概念是解释虚拟社区用户进行知识分享意愿和行为的重要因素之一。社会联结主要是指虚拟社区用户之间关系的强度以及用户之间沟通、交流的频率和时间(Chang et al., 2011;Huang et al., 2013)。用户之间社会联结的形成为个体寻找知识、获得帮助提供了便利,此外,社会联结的建立也有助于用户之间亲密感、信任感的培养,从而增强知识分享意愿,促进知识分享行为。国内外的研究均证实了社会联结对用户知识分享意愿和行为的影响。例如,Chiu、Hsu 和 Wang(2006)研究发现社会联结能显著预测个体对分享的知识质量的评价以及其在虚拟社区中分享的知识的数量,即与其他社区用户互动越频繁的个体,越倾向于认为社区中分享的知识是有用的,其知识分享行为也越多。张鼐和周年喜(2012)的研究同样证实了社会联结与知识分享行为之间存在正相关关系。

除社会联结以外,个体在群体交往过程中形成的认同感和归属感对其行为也有重要的影响。认同感(identification)和归属感(belongingness)是指个体将自己看作群体中的一员并按照群体规则行为的过程(Tseng et al., 2010;孙康等，2010；赵越岷 等，2010）。研究发现，个体对虚拟社区以及社区中其他成员的认同感、归属感越高，越愿意分享知识。例如，Tseng 和 Kuo（2010）研究发现对虚拟社区的认同感越高的个体越倾向于参与知识分享。Chai 和 Kim（2012）的研究则发现社交网络用户的归属感能显著预测其知识分享行为。此外，研究还发现，认同感和归属感有助于虚拟社区中分享文化的形成，进而促进用户的知识分享行为（Pi et al.，2013；张鼎 等，2012）。Pi（2003）研究发现 Facebook 群组用户对群组的认同是网络分享文化的一个重要因子，其对用户的知识分享意愿有显著的预测作用。

信任是群体互动过程中最受研究者关注的变量。以往研究表明，信任是影响个体参与虚拟社区知识分享的重要前因变量之一（Fang et al.，2010；Ridings et al.，2002）。信任在用户之间以及用户与虚拟社区之间的交互过程中逐渐形成，并对用户的虚拟社区行为如知识分享产生影响。研究者主要从用户之间的信任即人际信任（如关系信任和情感信任）和用户对虚拟社区的信任这两个方面考察了信任对用户参与虚拟社区知识分享的影响。结果发现，较高的人际信任和对虚拟社区的信任能提高用户的知识分享和知识寻求行为（Chen et al.，2010）。信任除直接作用于知识分享意愿和行为外，人际信任能通过利他动机、对社区的信任可以通过责任心间接影响虚拟社区用户的持续知识分享意愿（Fang et al.，2010）。

个体在人际交往过程中感知到的评价担忧会对其虚拟社区知识分享行为产生消极影响（Young et al.，2008）。评价担忧是指个体害怕他人以消极的方式评价自己。它可能发生在许多不同的情境中，例如演讲时、与同事合作时等，这些情境会激起个体由于害怕表现不好而引发的担忧情绪。在虚拟社区中的知识分享是面向广大虚拟社区用户的，这同样会激发个体的评价担忧，这与 Van Acker 等的研究结果互相印证，Van Acker 及其同事（2014）研究发现相较于通过网络进行知识分享，个体更愿意私底下与同事分享知识。相较于网络中的广大用户，在与同事之间的沟通交流过程中，个体感知到的评价担忧明显更小。

他人的存在除了有可能引发个体的评价担忧而不愿进行分享外，还有可能降低个体进行知识分享的责任感。责任感是预测个体知识分享意愿和行为的一个重要指标（Fang et al.，2010；Choi et al.，2013）。

（三）虚拟社区因素

虚拟社区用户的知识分享以及用户之间关系的建立都是发生在虚拟社区

这一平台上的。有关组织中知识分享的研究发现,组织文化会影响个体对参与组织内知识分享的态度(Hall et al.,2007),公平、公正的组织文化对成员的知识分享行为有显著的促进作用。基于此,研究者提出虚拟社区的文化氛围也会对用户的知识分享意愿和行为产生影响(黄凤 等,2016;周军杰 等,2011),实证研究也证实了这一假设(Chai et al.,2012;王贵 等,2010)。例如 Chai 和 Kim(2012)研究发现虚拟社区的分享文化(sharing culture)能够显著预测成员的知识分享行为。Hara 和 Hew(2007)通过对访谈资料的分析发现,非竞争性的环境是用户参与知识分享的原因之一。这一研究结果强调了虚拟社区文化建设的重要性。

文化是虚拟社区的软实力,虚拟社区的硬实力——虚拟社区中的信息质量和虚拟社区自身的系统质量也会对个体的知识分享产生重要影响。用户使用虚拟社区的动机之一是获得知识(徐美凤 等,2011),提供有价值的信息是虚拟社区存活的重要条件。此外,信息的价值也会影响用户参与知识分享的积极性。社会交换理论(social exchange theory)提出,个体的任何付出都希望从他人那里得到同等的回报(Pi et al.,2013)。从这一点来说,只有虚拟社区能够为用户提供有价值的信息,用户才更愿意分享知识。实证研究也证实了这一假设(Hara et al.,2007;Tseng et al.,2011)。Hara 和 Hew(2007)的研究也证实,用户参与知识分享的原因之一是完善自己的知识系统,获得最新知识。此外,信息的质量还会影响用户对虚拟社区的态度,进而影响其知识分享意愿(Yang et al.,2011)。

系统质量(system quality)主要是用户对系统稳定性(stability)、易用性(usability)以及及时性(timely)的评价。用户对系统质量的评价直接影响着用户是否使用该系统(Wixom et al.,2005)。关于虚拟社区知识分享的研究发现,系统质量能够影响用户对社区的态度进而影响用户的知识分享意愿和行为(Tseng et al.,2011;Yang et al.,2011)。例如,Yang 和 Lai(2011)研究维基百科用户为什么愿意在维基上编辑、修改内容时,发现用户对维基系统质量的评价会显著影响其对维基的态度,而用户对维基的态度可以显著预测其知识分享行为。Tseng 和 Huang(2011)同样发现用户对维基的技术价值(technical value)评价可以预测用户的知识分享行为和工作表现。

(四)社会文化环境因素

虚拟社区的发展是全球化的,许多跨国组织也采用虚拟社区进行知识管理,鼓励成员通过虚拟社区进行知识分享,由此,社会文化对个体参与虚拟社区知识分享的影响作用愈发受到研究者的重视。讲关系、爱面子是中国文化中特有的现象,已有研究表明,护面子、争面子是促进中国文化环境中的个体进行知识分享的重要动力(刘蕤 等,2012),中国人更可能为了争面子而在虚拟社区中分享知识。但是,中国人也更有可能担心丢面子而不进行知识分享。关系导向是分析中国人言行的另一个重要方面,研究者以中国企业员工为研究对象,结果发现,中国员工的关系导向可以正向预测其知识分享意愿,即中国员工愿意以分享知识的形式与他人建立一定的关系。Zhang 等以 Hofstede 的文化五维度为基础,采用质性和量化研究考察了文化对个体知识分享的影响,结果发现,集体主义对知识分享有直接作用,而权利距离、不确定性规避、长期导向性则通过作用于个体的知识分享动机间接影响其知识分享行为。还有研究考察了中国人在中国文化背景中的虚拟社区(如人人网)和在西方文化背景下的虚拟社区(如 Facebook)中的知识分享行为,考察东西方文化差异对虚拟社区知识分享的影响。结果发现,相比较于 Facebook,在人人网中,个体在文化维度之一的集体主义上得分更高;在人人网中,个体分享更多的内容,即在集体主义文化背景的虚拟社区中,个体表现出更多的知识分享行为。这些结果充分证实了社会文化对个体参与虚拟社区知识分享的影响。

(五)小结

个体在虚拟社区中进行知识分享的过程,本质上是群体互动的过程。影响群体互动过程的重要因素除了成员之间的社会联结强度、信任感、归属感以外,其他旁观者的存在也是其中重要的因素之一。研究和实践表明,旁观者人数的多寡及其行为(是旁观还是加入群体互动)对他人是否进行知识分享的决策具有重要的影响作用。例如,有关群体因素作用的研究指出,感知到的责任感、评价担忧是影响个体参与虚拟社区知识分享的重要原因,而这两个因素都会受到其他旁观者存在的影响。此外,研究也证实虚拟社区中的知识分享行为也受其他旁观者存在的影响(Markey,2000)。因此,尽管旁观者效应最早是用来描述紧急情境中个体的不作为现象,但当前已有研究发现它也可以用来解释其他社会情境,如课堂中学生的不发言现象。下文将就旁观者效应的概念及其相关理论、实证研究进行介绍,并进一步说明旁观者人数对虚拟社区知识分享行为的影响。

第三节 在线学习参与度与虚拟社区知识分享的共通之处

一、从定义看在线学习参与度与虚拟社区知识分享的共通之处

社会学习理论强调学习是在与他人交互的过程中发生的,学习是人类重要的活动之一(Säljö,2000)。这意味着学习和参与活动是一体的,不可分割(Wenger,1998)。即学习不只是在教室里,在教室之外,学习也发生着。事实上,大学教育环境中的学习大多数是在教室外完成的。社会学习理论认为学习与人们的日常生活实践密不可分(Hislop,2006)。这意味着学习是在活动中发生的,个体参与虚拟社区知识分享活动本身就是学习的一种类型。

从在线学习参与度和虚拟社区知识分享的概念和内涵中我们发现,不论是低水平的在线学习参与度定义,还是高水平的在线学习参与度定义,都与虚拟社区知识分享之间存在重合之处。首先,对于低水平的在线学习参与度,主要是通过学习者的发帖数量来衡量学习者的参与度。而发帖数量也是虚拟社区知识分享行为的重要衡量指标之一。其次,通过梳理已有研究,本研究将知识分享定义为知识在不同个体、团体或组织之间进行传播和扩散的过程。这与合作学习的概念存在重叠之处,知识分享不仅发生在个体水平,还发生在社会水平。高水平的在线学习参与度的核心观点认为在线学习参与度不仅体现在个体参与讨论的数量,而且体现在学习过程中建立的人际联结。知识分享的过程,其核心也是人际关系建立的过程。这是在线学习参与度与虚拟社区知识共享最本质的共通之处,也是虚拟社区知识分享的理论和研究结果能运用到在线学习参与度研究领域的基础。

二、从影响因素看在线学习参与度与虚拟社区知识分享的共通之处

在前两节中我们分别梳理了在线学习参与度和虚拟社区知识分享的影响因素的研究,通过对比不难发现,在线学习参与度与虚拟社区知识分享的影响

因素存在许多重叠,影响虚拟社区知识分享的因素也会对在线学习参与度产生影响。比如提及虚拟社区知识分享时,我们提到了虚拟社区平台的易用性、及时性、稳定性的特点,在线学习平台如果具有这些特点,也能够较好地提升学习者的在线学习参与度。提及在线学习平台的学习氛围对应虚拟社区的文化氛围时,平台的环境特点对个体的知识分享行为、在线学习参与度的影响如出一辙。

在个性特征方面,动机(如内部动机、社交动机)不仅会提升个体的在线学习参与度,也会作用于个体的虚拟社区知识分享行为。个体的态度、兴趣、满意度等同样会影响在线学习参与度和虚拟社区知识分享行为。

总之,从本质上看,在线学习参与度体现了个体在活动中学习的特点,这种参与促进了知识在个体、团体和组织间的传播,属于知识分享行为的一种。此外,在线学习和虚拟社区知识分享就是以互联网信息技术为基础,借助一定的网络平台发生的行为,二者的发展与信息技术的更新密切相关。有一些网络平台同时可以用作在线学习平台和虚拟社区平台,比如当前非常流行的一个网络平台——哔哩哔哩(B站),早期是以用户分享自主创作的内容为主,是典型的虚拟社交平台,但现在,它又是一个重要的在线学习平台,有众多用户在这一平台上传课程资源、学习资源,也有越来越多的一线教师开始采用这一平台进行课程直播、与学生互动。这些特点都在提醒我们,虚拟社区知识分享研究领域的研究结果完全可以拓展至在线学习参与度领域的研究。这也是对当前关于在线学习参与度研究的重要补充和延伸,为在线学习参与度的研究提供了新的视角。

基于此,我们借助虚拟社区知识分享的研究结果聚焦如何提升在线学习参与度的问题:即如何提问,什么样的问题能有效激发学习者参与讨论、互动的热情,为一线教师准备在线课程互动和反馈内容时提供具体的、可操作化的建议,切实提升学习者在线学习的参与度。

跨领域的应用有助于加深对在线学习参与度研究的理论理解,拓展在线学习参与度研究的内涵和外延。这意味着虚拟社区知识分享领域的相关理论(如计划行为理论、社会资本理论、知识分享自我效能感理论等)也可以用于解释在线学习参与度,有助于加深对在线学习参与度这一问题的理解。此外,可以将在虚拟社区知识分享中得出的研究结果用于指导在线学习课程中教师、学习者凝炼提问技巧,促使学习者更多地参与到课程讨论中来,切实提升课程参与度,进而提升在线学习的效率,充分发挥在线课程的优势。这有助于进一步提升在线学习参与度的实证研究内容。

第三章 如何提升在线学习参与度：虚拟社区知识分享的研究发现

第一节 提升在线学习参与度的理论视角

在梳理虚拟社区知识分享的研究时，我们发现研究者使用的理论范围非常宽泛。在群体层面，有从公民行为、群体关系为理论视角进行探索的，如组织公民行为理论、人际关系理论、公正理论；在个人层面，包括计划行为理论、社会认知理论、自我决定理论、社会资本理论、理性行为理论、知识分享自我效能感理论、归属感理论等，探讨社会联结、互惠、感知到的自主性、声望、自我效能感、归属感等个人因素对个体参与虚拟社区知识分享行为的影响；研究者还从人机互动层面以期望决定理论、使用-满意理论、社会技术理论等为理论基础探究了如何提升个体的知识分享行为。

本章中，我们选择其中使用最为广泛的、最有影响力的计划行为理论、社会认知理论、自我决定理论和使用-满意理论进行介绍，以期能为在线学习参与度的研究提供借鉴。

一、计划行为理论

为了解释个体的行为意向是如何形成并转变为行为本身的，如我有好好学习的意向，这种意向是从哪里来的以及什么情况下会转化为好好学习的行动？意向和行为的转化之间到底存在着什么关系？研究者对这些问题进行了深入的探讨，最终提出了一系列理论解释意向是如何产生并转化为行为的。已有研究和证据一致表明：意向是个体行为的重要原因之一，意向是行为发生的重要预测变量。最初研究者提出理性行为理论来说明意向是如何形成的。理性行为理论指出，个体意向的形成是由个人特质和社会影响这两个因素决定的。其中，个人特质是指个体对行为表现的积极或消极评价，这个因素被命名为对行为的态度；社会影响是指个体感知到的做或者不做这种行为的社会压力，这个因素被命名为社会规范。一般来说，当个人认为一种行为是积极的，且感知到身边的重要他人鼓励个体做这件事情时，他一般会表现出这种行为。比如，当一个人认为"开车"是一件好事，且他感觉到周围的亲戚朋友认为他应该会开车时，这个人就有可能去学开车，也更可能学会开车。

但是，后来研究者发现，除了对行为的态度和社会规范会影响个体意向外，感知到的控制感也是影响意向的一个重要因素，甚至对意向的影响比对行为的态度更大。因此，Ajzen等对理性行为理论进行了完善，将感知到的控制感纳入到意向-行为模型中来。感知到的控制感是个体对完成某一行为需要的内在和外在条件的评估。根据计划行为理论，想要一个人去学开车，除了需要他认为开车是一件积极的事，且他周围的人都支持他去学开车外，他对自己能学会开车这件事的控制感也很重要，只有这三个条件都具备，个体对这三点的评价都是积极评价时，他才有可能去学开车。

二、社会认知理论

社会认知理论是使用最广泛的解释个体行为的理论，是班杜拉在社会学习理论的基础上提出的。目前广泛应用于不同的领域，如信息技术等。社会认知理论的一个基本假设，是认为环境、个体以及行为之间存在相互影响的关系，即个体选择环境，反过来环境也会对个体产生影响；个体和环境会影响个体的行为，同时也受个体行为结果的影响。

三、自我决定理论

自我决定理论是Deci和Ryan最初提出来用于解释个体行为的，该理论认为个体天生具有挑战自我、不断突破自我、追求自我成长、从事自己感兴趣的事情的力量，他们将这种力量称为个体成长的内部动机。这些内部动机受到外在环境与自我目标设定的影响。如果外部环境鼓励个体自主成长，个体就会表现出较强的内部动机，在生活中更容易表现出积极的行为。如果此时，个体自我目标清晰，也会对个体内部动机起到促进作用，进而进一步加强个体的行为表现。

自我决定理论认为个体追求自我成长的需要包括自主需要、能力需要和归属需要三种。自主需要是个体积极主动地与环境交互的需求，个体的行为受自己个人意志的控制，表现为：我正在做的事是我自己想做的，而不是受外在环境压迫的。能力需要是个体对能力的需要，即希望在所从事的活动中得到成就感的满足，进而得出自己能否完成某件任务的判断。归属需要是个体对归属感的需要，即个体能不能从所属的群体中感知到理解和支持。

四、使用-满意理论

个体对虚拟社区平台本身的评价也是影响其知识分享行为的重要原因之一，基于这一假设，研究者提出了使用-满意理论。该理论的核心观点认为个体是否在某个虚拟社区中进行知识分享，乃至是否继续使用该虚拟社区平台取决于个体的使用体验，当个体的使用体验为满意时，更可能继续使用这一虚拟社区平台，也更有可能在这一平台上进行知识分享；反之，则不会。

个体的使用体验主要可以从三个方面进行评价。第一是感知到的有用性，即个体认为这个平台能否提供他想要的东西，例如个体想在平台上搜索某一领域的相关信息，而平台恰好能提供这类信息时，个体会将该平台知觉为"有用的"，后期则会继续使用这一平台，也更有可能参与到知识分享的过程中去。第二是感知到的易用性，即平台操作是否容易学会，例如微信的崛起跟它的易用性密不可分。第三是感知到的相容性，相容性是指新观点与个体已有的价值观、经验等相匹配的程度，即个体在虚拟社区平台上获得的信息与其自身本来就具有的价值观、经验等的匹配程度。

上述四个理论是虚拟社区知识分享研究中使用最为普遍的理论，关注了虚拟社区使用者特征、人际关系特征、系统特征以及人际互动特点对个体行为的影响，涵盖范围广泛、全面。未来在线学习参与度的研究也可以以上述理论视角为指导，开展更为全面、深入的研究。

第二节　在线学习参与度与旁观者效应

一、旁观者效应的内涵

旁观者效应最早是由 Latane 和 Darley(1968)提出,用于解释紧急情境下个体的不干预行为。他们通过一系列实验证实了旁观者效应的存在,并将旁观者效应定义为:在目睹紧急事件发生时,个体提供帮助的可能性随着其他旁观者人数的增加而降低的现象。1968 年,Latane 和 Darley 做了一个研究,考察在不同旁观者人数(没有或者 4 人)条件下,被试对隔壁房间传来的尖叫声的反应,结果发现,在只有被试一个人的条件下(即没有其他旁观者存在时),被试更愿意介入事件;而在有其他 4 个旁观者存在的条件下,只有不到 1/3 的被试做出了干预行为。在另一个研究中,Latane 和 Darley 设置了相比而言更加紧急的情境——被试发现自己所在的房间里冒出了浓烟。结果发现,当被试一个人在房间里时,他们更可能、也更快地报告这一紧急事件;与其他 4 人一起时,只有 38% 的被试报告了这一紧急事件。在这一系列相关实验研究的基础上,Latane和 Darley(1970)提出了旁观者行为的五阶段心理模型,即从事件发生到个体决定是否干预会经历五个阶段:第一,个体要注意到事件的发生;第二,个体判断事件的紧急程度并最终将事件界定为紧急事件;第三,个体会评估自己是否有制止事件发生的责任;第四,个体会判断自己是否有能力制止事件继续恶化;最后,个体做出是否干预的决定。需要注意的是,这五个阶段并不是线性向前发展的,有可能会出现反复;而且任何一个阶段出现问题,个体都不会采取行动。

总之,当个体独自面临紧急事件需要做出是否干预的决策时,个体做出帮助行为的可能性是比较大的;但是,如果还有其他人共同目睹了紧急事件的发生时,个体做出帮助的可能性明显下降。即在旁观者人数较多的情况下,受害者得到帮助的可能性更低。Latane 和 Darley 指出,之所以会出现这种情况,主要可以从以下两个方面进行解释:第一,责任分散,即随着旁观者人数的增多,个体感知到其制止事件发生的责任感越低。通常情况下,目睹紧急事件发生时，如果不采取行动，个体会产生某些情绪波动，如焦虑、内疚，而其他旁观者的存在，可以有效地帮助个体缓解这些情绪波动。因此，在这种情形下，旁观者人数越多，个体感知到的责任感越低，越不可能采取行动。第二，评价担忧，由于其他旁观者的存在，个体害怕犯错或行为不当引起他人的负面评价和指点，从而更不愿意提供帮助。

旁观者效应最早是用来解释紧急情境中个体的行为的，后来研究发现在一些非紧急情境（如课堂环境）中也存在旁观者效应。再后来，研究者进一步将旁观者效应推及网络虚拟环境中，以网络虚拟环境，如以虚拟社区、电子邮件等为背景的研究表明，旁观者效应也可以用来解释网络中紧急（如网络欺凌）或非紧急（如亲社会行为、知识分享行为）事件中个体的行为。下文将主要介绍网络虚拟环境中旁观者效应的相关研究。

二、网络情境中旁观者效应相关研究

自从 Latane 和 Darley(1968)首次提出这一概念以来，旁观者效应得到了大量实证研究的证实。随着互联网的发展，研究者对旁观者效应的探讨不再局限于现实情境，研究者开始关注在网络情境中是否同样存在旁观者效应。而 Markey(2000)首次采用自然观察法考察了在网络聊天组这类虚拟社区中是否存在旁观者效应，该研究主要关注的是网络聊天组中的知识分享行为是否受到在线人数（即旁观者人数）的影响。研究发现，当聊天组在线人数较多时，在聊天组中提出的问题得到回答的可能性显著低于在线人数较少的情况，而且从问题提出到得到回答之间的时间间隔也更长。这一结果证实在网络情境中的知识分享行为也存在旁观者效应。在此基础上，研究者进行了一系列研究考察了网络情境中的旁观者效应。综合来看，研究者主要在以下三个领域中考察了网络情境中的旁观者效应及其作用机制：(1) 网络欺凌行为；(2) 网络亲社会行为；(3) 虚拟社区知识分享行为。下面将主要从这三个方面介绍网络情境中旁观者效应的相关研究，其中重点介绍虚拟社区知识分享中存在的旁观者效应。

（一）网络欺凌行为中的旁观者效应

网络欺凌行为是个体或群体在网络媒介环境中有意识地、重复地向他人实施的一种攻击行为(Smith et al., 2008)。这种行为会对网络欺凌受害者的心理健康产生严重的负面影响，如引发抑郁(Schneide et al., 2012)、情绪障碍(Sahin, 2012)，甚至会导致个体的自伤行为(Price et al., 2010)。旁观者效应是解释旁观者干预传统欺凌行为的一个重要理论依据。在此基础上，研究者进一步考察了网络欺凌行为中的旁观者对个体干预行为的影响。研究发现，在网络情境中，个体对网络欺凌事件的干预受到其他旁观者存在的影响。例如，Obermaier及其同事（2014）采用实证研究证实，由于其他旁观者的存在，个体干预网络欺凌的可能性显著降低了，当网络欺凌事件的浏览人数较多时，个体采取行动阻止网络欺凌继续扩散的意愿更低。

（二）网络亲社会行为中的旁观者效应

亲社会行为是一种高度社会化的行为，是对他人有益的行为，有助于提升他人的幸福感。研究发现，有无旁观者存在是影响线下亲社会行为的一个重要因素。例如Garcia等（2002）通过实证研究发现，与想象一个人的情境相比，当个体想象与其他人在一起的情境时，其捐赠意愿即亲社会意愿更低。在网络情境中，个体的亲社会行为同样会受其他旁观者存在的影响。例如，Blair等（2005）考察了不同旁观者人数条件对个体回复邮件行为的影响。Blair等通过邮件向被试发出求助信号，要求被试帮忙找某个图书馆的网址，通过操纵邮件收件人列表中的人数（1人、2人，15人或49人）操纵旁观者人数，结果发现，在收件人列表人数较多的条件下（15人和49人）回复邮件的被试数明显低于收件人列表人数较少的条件（1人和2人）。除了电子信箱这种虚拟环境外，研究者还在虚拟游戏和社交网络环境中，考察了旁观者人数对亲社会行为的影响。例如，Kozlov等（2010）在虚拟游戏情境中考察了游戏中其他虚拟人物数量的变化对游戏玩家亲社会行为的影响，结果发现，在存在较多虚拟人物（19个）的条件下，个体做出帮助行为的概率更低。Martin和North（2015）则在社交网站中考察了亲社会行为与旁观者人数之间的关系，结果发现旁观者人数会显著影响个体参与下一个实验的意愿。

（三）虚拟社区知识分享中的旁观者效应

虚拟社区知识分享行为涵盖的范围非常广，目前研究者考察的虚拟社区知识分享行为主要包括三类：个体在网络聊天组中回复问题、分享知识、上传资料的行为，个体回复他人邮件的行为以及个体在论坛中的知识分享行为。整体而言，虚拟社区的知识分享行为可以细分为单纯浏览、发帖求助、转发帖子、回复帖子、上传资料等（许美凤，2011）。相应的，虚拟社区知识分享中的旁观者效应是指由于旁观者人数（如帖子的浏览人数、虚拟社区中的在线人数等）的增加，个体在虚拟社区中进行知识分享行为（尤其是回复帖子、上传资料的行为）概率或可能性降低或者知识分享所需的时间间隔变长的现象。下文我们主要介绍考察虚拟社区知识分享行为中旁观者效应的相关研究。

Markey(2000)最早在网络聊天组这一类型的虚拟社区里考察了虚拟社区知识分享中的旁观效应。他采用自然观察法考察网络聊天组在线人数的不同对提问者问题回应所花时间的影响,结果发现,在不指定回答人的条件下,网络聊天组在线人数越多,从提问到得到回答之间的间隔时间越长。这一结果证实旁观者人数会影响虚拟社区知识分享需要的时间。这是最早证实网络情境中存在旁观者效应的研究,也是最早证实在虚拟社区知识分享中存在旁观者效应的研究。Barron等(2002)和Blair等(2005)将电子邮件作为虚拟社区知识分享的平台,考察了旁观者人数(即收件人列表人数)对个体知识分享行为的影响。Barron等(2002)通过电子邮件询问收件人某大学是否有生物系,Blair(2005)则是希望收件人帮忙找某个图书馆的网址,两者均将收件人是否回复邮件作为知识分享行为的测量指标。结果一致发现,在旁观者人数较多的条件下,参与知识分享的人数越少。此外,Voelpel等(2008)以雅虎知识堂这一虚拟社区为研究对象,同样采用参与式观察法考察了不同人数规模小组中,人数规模是如何影响知识分享行为的。结果发现,在旁观者人数较少的小组中,虚拟社区用户知识分享行为的概率显著高于旁观者人数较多的小组。具体表现为:在中等人数规模(100—250人)的小组中,知识求助行为得到回答的概率最低(11%);在人数规模最小(1—99人)的小组中,知识求助行为得到回答的概率最高(35%)。

综上,这些研究结果表明,在虚拟网络环境中,旁观者人数一样会影响个体的行为决策。尤其重要的是,在虚拟社区中,个体的知识分享行为也会受到旁观者人数的影响,旁观者人数越多,个体的知识分享意愿越低,做出知识分享行为的概率也越低。

三、旁观者效应的作用机制

有关旁观者人数与虚拟社区知识分享的研究表明,在虚拟社区知识分享中存在着旁观者效应。旁观者人数具体是如何影响虚拟社区用户的知识分享行为的,即旁观者效应是怎么发生的?这一问题并没有得到回答。此外,在旁观者人数与虚拟社区知识分享行为之间是否存在其他调节变量可以改变旁观者人数对虚拟社区知识分享行为的消极作用?在什么样的条件下,可以缓解旁观者人数对虚拟社区用户知识分享行为的消极影响,促使个体更多地做出知识分享行为,即旁观者效应是怎么发生变化的?这些问题也没有得到回答。下文将通过介绍网络情境中旁观者效应的作用机制的相关研究,以期为虚拟社区知识分享中的旁观者效应研究提供借鉴和指导。

(一)旁观者效应是怎么发生的

Latane 和 Darley(1970)指出可以从个体感知到的责任感和评价担忧这两个方面解释现实情境中旁观者人数是如何影响发挥作用的。大量的线下实证研究也证实,旁观者人数是通过影响个体感知到的责任感和评价担忧作用于个体行为的。然而,我们不能简单地将网络情境中的个体行为与线下面对面情境中的个体行为等同起来。实际上,已有研究发现个体在网络情境中的行为与线下行为存在一定的差异(McLeod et al., 1997;Straus,1996)。例如,McLeod等(1997)研究发现,与线下小组相比,在线上小组中,个体更愿意表达与众不同的观点。网络情境与现实情境并不是完全一致的,在面对面的知识分享中,求助者可以直接向被求助者发出知识寻求的信号,求助者可以确定被求助者收到了求助信号,同样,被求助者也能第一时间获悉求助是否得到了他人的帮助。而在网络情境中,求助者和被求助者之间存在时空不一致的情况,被求助者并不一定能及时地得到求助信息,也无法知道求助者是否从其他来源获得了帮助。另外,网络情境的匿名性特点,一方面有可能会影响降低个体感知到的责任感,另一方面也有可能会降低个体感知到的评价担忧水平。总之,在网络情境中旁观者人数到底会不会通过影响个体感知到的责任感和评价担忧进而作用于个体行为并不显而易见。因此,探讨网络情境尤其是虚拟社区知识分享中旁观者效应的作用机制对于揭示虚拟社区知识分享中的旁观者效应是如何发生的十分必要。

个体感知到的责任感是指个体在多大程度上认为自己有责任/义务采取行动。传统的旁观者效应研究认为,在旁观者人数较多的情境中,容易引发责任分散,导致个体感知的责任感明显降低。在网络情境中,其他旁观者对于个体来说,只是一个虚拟存在的人物,这种虚拟性正是网络和现实的最大差异,这有可能导致个体注意不到其他旁观者的存在。这种情况下,个体不会产生责任分散,其感知到的责任感也不会降低。但是,还存在另一种情况:由于网络传播的广泛性,个体经常会高估网络中其他旁观者人数的数量(Langos,2012)。这种情况下,个体感知到的责任感将会被大大削弱。早期研究者并不清楚在网络情境中其他旁观者的存在是否会影响个体感知到的责任感进而影响其行为。为了解网络情境中旁观者效应的作用,有研究者考察了网络情境中感知到的责任感在旁观者人数和个体行为中的中介作用。结果发现,在网络情境中,其他旁观者的存在同样是通过影响个体感知到的责任感从而影响其行为决策的。例如,Obermaier 及其同事(2014)在考察旁观者人数对制止网络欺凌事件的意向的研究中发现,旁观者人数通过影响个体感知到的责任感间接作用于其干预的意愿,即旁观者人数越多,个体感知到的责任感越低,干预的意愿也越低。而在虚拟社区知识分享中,旁观者效应的发生是否同样是由个体感知到的责任感降低引起的呢?这一问题还需要进一步的研究。

关于评价担忧的研究也得出了一致的发现:网络情境中旁观者人数同样通过作用于个体感知到的评价担忧进而影响个体的行为决策。一方面,在网络情境中,信息的传播速度更快、范围更广,这一特性可能使得个体感知到的被他人评价的风险更高,从而更不愿意进行知识分享。关于网络口碑的研究发现,相比较于线下口碑,个体认为传播网络口碑存在更高的社交风险,感知到更高的评价担忧,因而更不愿意在网络中分享口碑(Eisingerich et al., 2015)。另一方面,网络情境的匿名性也可能使得个体不再担忧他人负面评价的影响,因而体验到更低的评价担忧,从而更多地进行知识分享行为。评价担忧在虚拟社区知识分享的旁观者效应中所扮演的角色也并不清楚,有必要进行深入研究。

(二)旁观者效应是怎么发生变化的

值得庆幸的是,旁观者人数的消极作用并不是一成不变的,在一定的条件下,旁观者效应会有所缓解甚至出现反转。对旁观者效应进行研究,其最终目的是为了探索出一种有效的干预方式,以缓解由于其他旁观者的存在而带来的消极影响。当前研究发现,操控两类变量会改变旁观者人数的消极作用。第一类是事件相关变量,这主要包括与旁观事件有关的变量,例如事件的紧急程度、清晰程度等;第二类变量是群体关系变量,这主要包括与个体自身有关的变量(如自我提升需求、公共自我意识)、个体与其他旁观者之间的关系以及个体与受害者/求助者之间的关系。这两类变量均有实证研究支持。下文主要从这两类变量相关的实证研究和理论研究出发,分别介绍与这两类变量有关的实证研究和理论解释。

1. 实证研究

首先,事件相关变量中考察最多的是事件的紧急程度。研究发现,旁观者效应只会出现在不紧急的事件中,当事件比较紧急(如攻击者力量强大、对受害者的身心可能造成非常大的伤害)的时候,旁观者人数的多少并不会影响个体的干预决策。Fisher 等(2006)发现操纵欺凌者的形象(高大威猛 vs. 矮小瘦弱)可以显著地影响个体感知到的事件紧急程度,在事件比较紧急(高大威猛的欺凌者)的情境下,其他旁观者的存在不会影响个体的干预行为。Bastiaensens等(2014)通过设置不同紧急程度的网络欺凌情境(高紧急情境中,发布受害者隐私照片和伤害性评论;低紧急情境中,仅仅发布针对受害者的伤害性评论)考察了旁观者人数的不同作用。结果发现,在事件比较紧急的条件下,个体更愿意帮助网络欺凌事件中的受害者。然而,事件的紧急程度对旁观者效应的作用并不是一成不变的。在一定条件下,事件紧急程度并不能有效缓解旁观者人数的消极作用。例如,Lewis等(2004)通过设置电子邮件收件人列表人数操纵个体感知到的旁观者人数,通过标注邮件紧急符号(!)设置情境的紧急程度,结果发现,情境紧急程度并不会影响个体的邮件回复行为。Martin和North(2015)通过设置求助帖的发布时间操纵个体感知到的情境紧急程度,考察事件紧急程度对旁观者人数作用的影响,结果发现,旁观者人数对个体参与下一个实验意愿的影响并不受求助帖发布时间的影响。由此可知,目前关于事件紧急程度在旁观者效应中的作用并未得出一致的结果。在虚拟社区知识分享中,帖子主题的紧急程度是否会影响旁观者人数与个体的知识分享行为之间的关系,改变虚拟社区知识分享中的旁观者效应呢?为了回答这一问题,该研究考察了帖子主题的紧急程度对虚拟社区知识分享行为中存在的旁观者效应的影响。

对于群体关系相关变量来说,影响旁观者人数效应的群体相关变量包括个体自身的自我提升需求、公共自我意识以及个体与其他旁观者、受害者/求助者之间的关系。尽管大多数研究发现,较多的旁观者存在会抑制个体的行为,然而,有些个体即使在旁观者人数较多的情境下,也会采取行动。Eisingerich等(2015)发现,自我提升需求高的个体更愿意在旁观者人数较多的网络环境中分享电子口碑。自我提升需求指个体希望他人以积极态度看待自己的需要。在旁观者人数较多的条件下,个体更乐意其积极行为(如亲社会行为、知识分享行为)被其他人观察到,以满足其自我提升需求。此外,个体的公共自我意识也会影响旁观者人数对个体行为的作用。公共自我意识与自我提升需求类似,关注的是他人对自己的印象,当个体尤其关注他人对自己的印象时,其公共自我意识较高。van Bommel等(2012)通过不同的实验操作(例如,标红被试在虚拟社区中的名字,或者告诉被试实验过程中摄像头是打开的)提升个体的公共自我意识。结果发现,在个体公共自我意识比较高的情境下,旁观者人数越多,个体越愿意回答虚拟社区中的问题。说明个体的公共自我意识有助于缓解旁观者人数对虚拟社区知识分享的消极作用。还有研究发现,个体与其他旁观者之间的关系会使旁观者效应发生改变。例如,Levine 和 Crowther(2008)通过设置其他旁观者的属性操纵个体与其他旁观者之间的关系(陌生人 vs. 朋友),结果发现,当被试与 5 个朋友在一起时,其干预欺凌事件(男性攻击女性事件)的概率要高于个体一个人时;而被试与 5 个陌生人在一起时,其干预欺凌事件的概率则显著低于个体一个人时。Bastiaensens 及其同事(2014)在网络欺凌事件中同样发现了这一结果:相较于与熟人在一起,当被试与好朋友在一起时,个体更愿意帮助网络欺凌事件中的受害者。个体与受害者/求助者之间的关系也会影响旁观者效应的影响。当个体与受害者/求助者之间存在朋友关系或属于同一个群体成员(同一所学校、支持同一个球队等)时,个体帮助受害者/求助者的概率越高。

上述研究结果证明,在一定条件下,旁观者人数的增多可以提升个体的行为意愿或行为,而不是降低个体的行为意愿或行为,即旁观者效应是会发生变化的。对于这些研究结果,研究者提出了不同的理论以进行解释。下文将主要就这些理论进行介绍。

2. 理论解释

(1)唤醒:代价-奖励模型(arousal:cost-reward model)

为何严重的、危险的情境会缓解或反转旁观者人数的消极影响? 为了解释这类事件相关变量对旁观者人数与个体行为之间关系的影响,有研究者提出了相应的假设。例如,Fischer 等(2006)提出,个体能够很快地注意到紧急事件,并认识到它的严重性,在这种比较明确的条件下,不干预要付出的代价要比干预付出的代价大。因此,个体体验到的唤醒水平较高,这使得无论是否有其他旁观者存在,个体都会选择干预。这一解释与唤醒:代价-奖励模型的假设是一致的。该模型提出,明确的、紧急的问题情境会提升旁观者感受到的唤醒水平,通过帮助受害者/求助者可以降低唤醒水平。这一模型较好地解释了为什么在紧急情境中旁观者人数的消极影响会明显小于在不紧急的情境中。由此可以推断,事件相关变量之所以会改变旁观者效应,是因为不同特征的事件其相关变量引起的旁观者的唤醒水平不同导致的。

此外,唤醒:代价-奖励模型还指出了共享认同(acommon identity)的重要性,并在此基础上提出了"共我"(we-ness)的概念用来描述将他人看作个体所属群体的现象(Dovidio et al., 1991)。该模型指出,将他人视为内群体成员会带来多重效果——个体会感知到与他人有更多的相似处、感到与他人更亲近以及关心他人利益的高度责任感。这反过来会提高个体在不帮助受害者时体验到的唤醒水平,降低帮助行为所需要耗费的代价,进而提升个体做出亲社会行为的概率。从这个角度出发,群体关系变量对旁观者效应的作用,最终也是通过唤醒水平来发挥的。然而,仅仅从唤醒水平这一生理层面出发,解释群体关系变量在旁观者效应发生变化中所起的作用很明显是不够的。可以说,尽管"共我"这一概念在一定程度上可以解释旁观者之间的关系在改变旁观者效应中的作用,但不足以解释旁观者与旁观者之间的关系对旁观者效应的影响。因此,有研究者从群体的角度出发,在群体关系中考察群体变量的作用,并提出了社会分类理论,解释了群体关系变量是怎么导致旁观者效应发生改变的。

(2) 社会影响理论(social influence theory)

社会影响理论指出,当情境比较模糊、不明确时,个体会倾向于参照他人的反应用于帮助理解情境。在这种情况下,他人的存在,尤其是他人的不作为会阻碍个体的行动决策。此外,在模糊、不明确的情境中,个体容易低估情境的严重程度(Fischer et al., 2006),因而更可能做出不采取行动的决策。由此,可以推断,当情境比较明确、具体时,个体可以从情境中获得判断事件严重程度的线索,此时,个体无须依赖他人即可对情境做出判断,这样即使在旁观者人数比较多的条件下,个体行为决策受他人影响的可能性也相应变低。社会影响理论突破了生理层面的解释,从个体认知层面出发,解释了事件相关变量尤其是事件的具体程度使旁观者效应发生改变的原因,同样,这一理论不足以说明群体关系变量是如何改变旁观者效应的,社会分类理论则解决了这一问题。

(3) 社会分类理论(social categorization theory)

社会分类理论是社会认同理论的一个重要发展(Turner et al., 1994)。Tajfel 和 Turner(1985)提出的社会认同理论指出,个体的自我概念一部分来源于其所归属的社会群体(即内群体),因此个体倾向于通过采用有益于内群体的方式与外群体比较,以获得关于内群体的积极评价,从而获得积极的自我概念。这种倾向使得个体更愿意与内群体成员保持一致,以获得关于内群体的积极评价。

社会分类理论进一步解释了个体的自我概念与内群体之间的关系,并在此基础上分析了内群体和外群体的划分对个体行为决策的影响。社会分类理论指出,群体行为的心理基础是对自己和他人的分类以及意识过程的去个人化,即个体独特的个人特征消失在意识范围之外,更多地以某一类群体特征来定义自己。这种去个人化使得个体认为自己与内群体成员拥有一样的需要、目标、动机,认为群体成员之间共享同样的意识,而且存在共同的利益(Levin, 2002)。

社会分类理论重点关注的是自我概念和社会交往环境之间关系的动态变化（Hogg et al., 1995）。社会交往环境（即背景因素）的变化很有可能会引起自我概念的改变，从而使得个体做出不同的自我分类。例如，在学校环境中，学生个体会将自己归类为学生；而在家庭环境中，其更可能将自己归类为子女。在特定社交环境中，个体对自身的归类方式影响其对社会规范的感知。社会分类理论还指出，社会分类（即将自己和他人看作自我分类原型的过程）会提升团体内的合作水平，使得个体更愿意帮助内群体成员（Turner et al., 1987）。这种内群体、外群体成员的划分很好地解释了群体关系变量在旁观者效应的变化中所起的作用。

总之，近来研究发现，在改变某些事件相关变量和群体关系变量的条件下（如事件的紧急程度、清晰程度、受害者与旁观者之间的关系等），旁观者效应会发生改变，甚至反转。这一结果与传统的旁观者效应相关研究相违背，但是，可以通过下述理论解释：（1）事件相关变量的改变，改变了个体体验到的唤醒水平，为使唤醒水平恢复正常，个体只有采取行动；（2）与受害者之间的联系，使得个体对帮助行为的代价评估更低、收益评估更高，进而更有可能采取行动；（3）与其他旁观者之间的联系，使得个体对评价担忧感知更低，进而更有可能采取行动。这一研究结果也为虚拟社区知识分享中旁观者效应的干预提供了实证基础，使得个人、团体、组织可以采取相应的动作，通过调整事件相关变量、改善群体关系，缓解旁观者人数对个人、团体和组织虚拟社区知识分享行为的消极影响，促使更多的个人、团体和组织做出知识分享行为。

第三节　旁观者对个体在线学习参与度的影响：虚拟社区知识分享中的旁观者效应研究

一、先前的虚拟社区知识分享中旁观者效应研究的不足之处

（一）虚拟社区知识分享中旁观者效应研究及其作用机制

虚拟社区知识分享中旁观者人数的影响已经引起研究者的关注。研究发现，在旁观者人数较多的条件下，个体做出知识分享行为的概率更低，即使做出

知识分享行为,知识分享所需的时间间隔也较长。此外,也有研究发现,通过实验操纵个体的公共自我意识可以改变旁观者人数对个体在虚拟社区中进行知识分享意愿的影响。然而,综合来看,旁观者人数在虚拟社区知识分享中的作用没有得到深入分析,已有研究主要存在以下问题。

首先,旁观者人数与个体虚拟社区知识分享行为之间的关系模式不明确。先前研究发现,在虚拟社区小组中,相较于旁观者人数较多的条件下,旁观者人数较少时,个体表现出更多的知识分享行为。这一结果并不能说明旁观者人数影响虚拟社区知识分享行为的具体模式是什么。关于旁观者人数影响个体行为的模式一直存在两种解释:社会影响理论和社会作用模型。社会影响理论认为,旁观者人数与个体行为概率之间存在线性关系,即每多一个旁观者,个体做出行为的概率就会降低一点(Latane,1981)。Forsyth等(2002)的研究结果为社会影响理论提供了实证支持,他们研究发现,在2人、4人、6人和8人的小组中,个体采取行动的责任感随着小组人数的增多而降低。社会作用模型则提出了不同的观点,指出当旁观者人数达到一定范围时,个体的行为概率就稳定在一定的水平上,再增加旁观者人数不会影响个体的行为概率(Tanford et al.,1984)。Blair等(2005)以及Martin等(2015)的研究结果均发现,在没有或者只有1个旁观者的条件下,个体的行为概率显著高于有4个、14个或49个旁观者的条件,而在没有旁观者和有1个旁观者,以及有4个旁观者、14个旁观者和49个旁观者的条件下,个体的行为概率不存在差异。在虚拟社区知识分享中,旁观者人数的作用模式是遵循社会影响理论还是社会作用理论,当前并没有研究就这一问题进行考察。在验证虚拟社区知识分享中存在旁观者效应的基础上,本研究就这一问题进行了探讨。

其次,旁观者人数影响个体虚拟社区知识分享行为的路径并不清楚,即在虚拟社区知识分享中旁观者效应是怎么发生的,这一重要的问题也没有得到回答。传统研究以及网络情境中关于网络欺凌行为和亲社会行为相关研究均发现,旁观者人数主要通过个体感知到的责任感、评价担忧等因素影响个体的干预行为。有关虚拟社区中知识分享影响因素的研究也表明,虚拟社区用户感知到的责任感、评价担忧也是影响个体参与虚拟社区知识分享的重要原因(Young et al.,2008)。基于上述研究结果,本研究预期虚拟社区中旁观者人数对个体知识分享行为的影响,同样也是通过个体感知到的责任感、评价担忧起作用的。虚拟社区知识分享中旁观者效应是怎么发生的,这是本研究拟解决的第二个问题。

再次,已有研究证实,在一定条件下,旁观者人数的作用会发生改变,但虚拟社区知识分享中旁观者效应是否会发生变化,这一问题也没有得到回答。事件自身以及事件中的群体关系对于改变旁观者人数的作用尤其明显。与网络欺凌行为事件紧密联系的事件因素包括事件的紧急程度(如高大威猛的攻击者 vs. 瘦弱矮小的攻击者)、事件的明确程度(如攻击行为 vs. 同辈之间的嬉闹行为);事件中的群体关系主要包括旁观者与旁观者之间的关系、旁观者与受害者/求助者之间的关系、攻击者/欺凌者与受害者/求助者之间的关系。而具体到虚拟社区知识分享中,事件相关的因素主要包括帖子主题的紧急程度(如面试需要做什么准备工作 vs. 明天要参加一个面试该怎么准备)、帖子主题的具体程度(如明确界定时间、地点、事件的求助 vs. 时间、地点、事件不清晰的求助);群体关系相关的因素则主要包括旁观者(被试)和旁观者(当前在线人)之间的关系,旁观者(被试)和知识求助者(发帖人)之间的关系。改变虚拟社区知识分享中与旁观者人数相关的事件相关变量和群体关系变量,如帖子主题的紧急程度、具体程度、旁观者与知识求助者之间的关系以及旁观者之间的关系是否会同样起到改变旁观者人数对虚拟社区知识分享行为的消极影响作用,即虚拟社区知识分享中的旁观者效应是怎么发生变化的,这是本研究拟探讨的第三个问题。

通过对这一系列问题的研究,可以揭示旁观者人数对虚拟社区知识分享行为的作用及其发挥作用的内部机制,有助于为改善虚拟社区知识分享现状、增加虚拟社区用户的知识分享行为提供具体建议。

(二)研究方法的不足

除了研究内容上不够深入外,旁观者人数与虚拟社区知识分享之间关系的研究方法也存在缺陷。首先,在实验材料的选择上,已有的关于旁观者人数影响虚拟社区知识分享的研究中,所采用的问题均为有固定答案的问题,如"有人知道如何能一次上传几张照片到小组中吗?""某某大学是否有生物系?",在小组讨论或聊天过程中,一个人回答跟几个人回答这些问题,答案可能并没有什么差别,而无论是在小组讨论还是聊天组中,聊天的内容都是公开可见的。这种情况下,人数比较多的小组与人数较少的小组一样,有一个回答就足以解决知识求助者的问题。但如果以回复率为评价标准的话,人数较多的小组的回复率低于人数较少的小组是很正常的现象。因此,采用开放性问题考察旁观者人数对虚拟社区知识分享的作用可能更有效,也更能准确地测得旁观者人数较多条件下个体的反应——如果面对开放性问题,旁观者人数较多的小组个体回复行为更少的话，说明旁观者人数确实会影响个体的知识分享行为。

其次，已有研究多采用自然观察法考察旁观者人数对虚拟社区知识分享的影响。自然观察法比较方便实施，所得的结果也比较符合真实情况。但是自然观察法也存在一定的局限性，其中最大的局限在于不能控制其他无关因素的作用。就虚拟社区知识分享来说，尽管参与观察时显示聊天组或虚拟社区小组有较多人在线，如 Markey(2000)等人观察的聊天组，但是由于网络空间的虚拟性，研究者无法估计聊天组在线人数的状态，聊天组里知识分享的比率更低，可能是由于在线人数同时进行其他任务没有注意到他人的知识求助行为，知识分享所花费的时间更长同样可能是由于个体并没有注意到聊天组里的求助信息。此外，研究者无法控制虚拟社区小组中成员之间的关系，成员较少的聊天组中的人之所以更愿意与组员分享知识，可能是由于组员较少的小组中，组员之间的联系比较紧密、关系相对比较密切导致的，不对这些额外变量进行控制根本无法说明旁观者人数对虚拟社区知识分享的作用，更不要说揭示虚拟社区中旁观者效应的作用机制。实验法可以通过实验操纵严格控制其他额外变量的作用，有助于揭示旁观者人数和虚拟社区知识分享之间的关系。

综上所述，在内容上，旁观者人数与虚拟社区知识分享行为的相关研究没有探讨旁观者人数作用于虚拟社区知识分享的机制。当前研究仅仅说明了旁观者人数会影响虚拟社区用户参与知识分享，但没有说清旁观者人数为何会影响虚拟社区用户参与知识分享。此外，研究旁观者人数对虚拟社区知识分享行为的作用，根本目的在于为缓解旁观者人数的消极影响。借鉴已有研究，探讨改变虚拟社区知识分享中与旁观者人数相关的情境变量是否能够起到缓解旁观者人数的消极作用。在研究材料上，相比较于有固定答案的问题，开放性问题更能引发多样化的回答，从而能更准确地测得旁观者人数较多条件下不同个体的反应；在研究方法上，相比较于自然观察法，实验法能够严格控制无关变量，有助于揭示变量之间的因果关系。因此，有必要采用实验法，在严格控制无关干扰变量的条件下，采用开放性问题为实验材料，就旁观者人数与虚拟社区知识分享行为之间的关系展开研究。

二、虚拟社区知识分享中的旁观者效应研究拟探讨的问题

本研究重点考察旁观者人数是如何影响虚拟社区用户的知识分享行为的。研究中将虚拟社区知识分享行为定义为：虚拟社区用户在虚拟社区中回帖的数

量。本研究的主要研究内容是：首先，探讨旁观者人数对虚拟社区用户知识分享行为的影响，验证在虚拟社区知识分享中存在旁观者效应，并以社会影响理论和社会作用模型之间的矛盾、冲突为基础，明确旁观者人数与虚拟社区知识分享行为之间是线性关系还是非线性关系；其次，揭示虚拟社区知识分享中的旁观者效应是怎么发生的，以 Latane 和 Darley(1970)提出的理论解释为依据，考察旁观者人数是如何通过感知到的责任感和评价担忧影响虚拟社区用户知识分享行为的；然后，以唤醒：代价-奖励模型和社会影响理论为出发点，考察事件相关变量(帖子主题的紧急程度、具体程度)在改变虚拟社区知识分享中旁观者效应里起的作用；以社会分类理论为基础，考察群体关系变量(旁观者与知识求助者之间的关系、旁观者与旁观者之间的关系)是如何影响旁观者人数与虚拟社区知识分享行为之间的关系的；最后，采用大数据挖掘法，挖掘真实虚拟社区小木虫论坛中的数据以便验证情境实验研究结果是否符合实际情况，为情境实验研究结果提供支撑。

综上，根据以往研究及其不足，本研究主要探讨以下问题：(1)考察旁观者人数对虚拟社区用户知识分享行为的影响；(2)通过两个研究考察旁观者人数是如何通过感知到的责任感和评价担忧影响虚拟社区用户知识分享行为的；(3)通过四个研究考察情境因素，如所寻求知识的紧急程度、具体程度、知识求助者与旁观者之间的关系(内群体 vs. 外群体)以及旁观者之间的关系(朋友 vs. 陌生人)是如何影响旁观者人数与虚拟社区知识分享行为之间关系的；(4)通过大数据挖掘法，挖掘真实虚拟社区小木虫论坛中旁观者人数和知识分享行为相关数据，考察情境实验得出的研究结果是否符合实际情况。

三、虚拟社区知识分享中的旁观者效应研究的总体思路及研究假设

基于以往研究及其不足，充分考虑虚拟社区知识分享中旁观者效应的特征，本研究采用网络情景模拟范式，将实验研究和数据调查相结合、模拟环境和真实环境相补充，系统探讨虚拟社区知识分享中的旁观者效应及其作用机制，构建了本研究的总体构思(详见图 3.1)。

首先，探讨虚拟社区中，是否存在旁观者效应以及旁观者人数与知识分享行为是线性关系(社会影响理论)还是非线性关系(社会作用模型)，并构建旁观者人数与虚拟社区知识分享行为之间的关系模型(研究一)。

其次，基于旁观者人数与虚拟社区知识分享行为之间的关系模型，进一步

探讨感知到的责任感和评价担忧的作用,分析虚拟社区知识分享中旁观者效应是怎么发生的这一问题(研究二)。

再次,借鉴网络欺凌中关于旁观者效应的研究以及早期线下旁观者效应的相关研究,深入考察帖子主题的紧急程度、帖子主题描述的清晰具体程度、知识求助者与旁观者之间的关系以及旁观者之间的关系对旁观者人数和虚拟社区知识分享行为之间关系的影响,具体说明旁观者效应是怎么发生变化的这一问题(研究三)。

最后,以真实虚拟社区(小木虫论坛)为例,采用爬虫技术挖掘虚拟社区中帖子主题发布的时间、第一个回复出现的时间以及浏览人数的数据,考察浏览人数(旁观者人数)对帖子主题发布到第一个回复出现的时间间隔的影响,以验证实验研究结果的可靠性和真实性(研究四)。

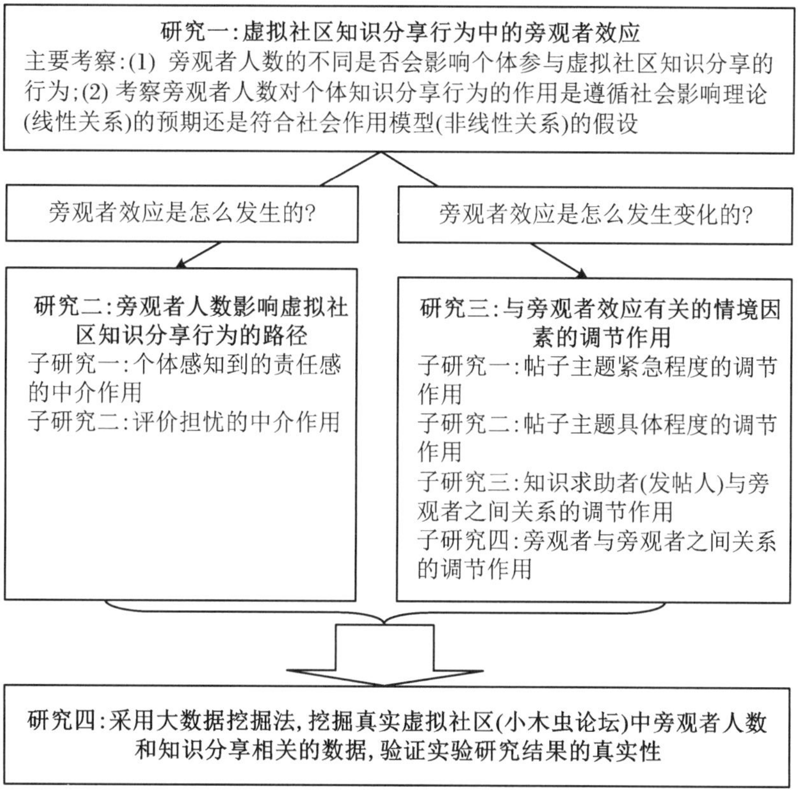

```
┌─────────────────────────────────────────────────────────┐
│ 研究一:虚拟社区知识分享行为中的旁观者效应              │
│ 主要考察:(1) 旁观者人数的不同是否会影响个体参与虚拟    │
│ 社区知识分享的行为;(2) 考察旁观者人数对个体知识分享    │
│ 行为的作用是遵循社会影响理论(线性关系)的预期还是符合    │
│ 社会作用模型(非线性关系)的假设                          │
└─────────────────────────────────────────────────────────┘
    ┌──────────────────────┐      ┌──────────────────────┐
    │ 旁观者效应是怎么发生的?│      │ 旁观者效应是怎么发生变化的?│
    └──────────┬───────────┘      └──────────┬───────────┘
               ▼                              ▼
┌───────────────────────────┐   ┌───────────────────────────────┐
│ 研究二:旁观者人数影响虚拟 │   │ 研究三:与旁观者效应有关的情境│
│ 社区知识分享行为的路径    │   │      因素的调节作用           │
│ 子研究一:个体感知到的责任感│   │ 子研究一:帖子主题紧急程度的调节│
│ 的中介作用                │   │ 作用                          │
│ 子研究二:评价担忧的中介作用│   │ 子研究二:帖子主题具体程度的调节│
│                           │   │ 作用                          │
│                           │   │ 子研究三:知识求助者(发帖人)与│
│                           │   │ 旁观者之间关系的调节作用      │
│                           │   │ 子研究四:旁观者与旁观者之间关系│
│                           │   │ 的调节作用                    │
└───────────────────────────┘   └───────────────────────────────┘
                           ▼
┌─────────────────────────────────────────────────────────┐
│ 研究四:采用大数据挖掘法,挖掘真实虚拟社区(小木虫论坛)中旁观者人数│
│       和知识分享相关的数据,验证实验研究结果的真实性      │
└─────────────────────────────────────────────────────────┘
```

图 3.1　本研究的总体思路

基于此,本研究提出如下研究假设(详见图3.2):

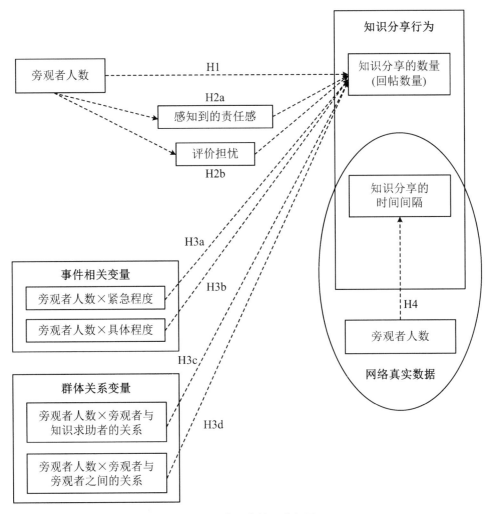

图3.2 本研究的研究假设

(1) 研究假设H1:虚拟社区知识分享中存在旁观者效应,且旁观者人数对个体知识分享行为的影响模式可能与社会作用模型的假设更一致。具体来说,研究假设H1a:在旁观者人数较多的条件下,个体的知识分享数量显著低于旁观者人数较少的条件下;研究假设H1b:依据社会作用模型,研究假设,旁观者人数超过一定数量时,个体的知识分享行为不再继续下降,即在有0个和1个旁观者的条件下,个体的知识分享数量差异不显著,在有14个、54个以及更多旁观者的条件下,个体的知识分享数量差异也不显著,但是在0个、1个和14个、54个以及更多旁观者这两种条件下,个体的知识分享数量差异显著,旁观者人数较少(0个,1个)时,个体的知识分享数量显著高于旁观者人数较多(14个,54个)时。

(2)研究假设H2:旁观者人数通过影响个体感知到的责任感和评价担忧作用于个体的知识分享行为。具体而言,研究假设H2a:旁观者人数较高的条件下,个体感知到的责任感越低,知识分享数量越少,个体感知到的责任感在旁观者人数和知识分享数量之间起中介作用;研究假设H2b:旁观者人数较高的条件下,个体的评价担忧越高,知识分享数量越少,评价担忧在旁观者人数和知识分享数量之间起中介作用。

(3)研究假设H3:情境因素(如帖子主题的紧急程度)、具体程度、旁观者与知识求助者之间的关系以及旁观者之间的关系能调节旁观者人数与虚拟社区知识分享行为之间的关系。具体而言,研究假设H3a:在问题情境比较紧急、知识求助者迫切需要得到帖子主题相关知识的条件下,旁观者人数较多的条件下,个体的知识分享数量与旁观者人数较少的条件下差异不显著;研究假设H3b:在问题情境比较具体的条件下,旁观者人数较多的条件下,个体的知识分享数量与旁观者人数较少的条件下差异不显著;研究假设H3c:相比较于知识求助者是外群体成员,当知识求助者与个体属于同一群体(比如同专业/同学校的学生)时,个体知识分享的数量不受旁观者人数的影响;研究假设H3d:相比较于其他旁观者是陌生人的条件下,当旁观者之间存在朋友关系时,个体的知识分享数量不受旁观者人数的影响。

(4)研究假设H4:网络真实数据分析结果与情境实验得出的结果基本一致。

四、虚拟社区知识分享中的旁观者效应研究的意义

虚拟社区的发展使得知识分享突破了时间和空间的限制,为知识分享带来了极大的便利。在大多数个体使用虚拟社区进行知识分享和交流的同时,"搭便车"的现象也普遍存在(90%的用户在虚拟社区中只获取、不分享知识)。由于大多数虚拟社区知识获得的门槛较低,通常只需要注册登录即可浏览虚拟社区中的各类帖子、下载资源等,甚至有的虚拟社区连登录都不需要就能获得个体想要的知识,这使得大多数个体只通过虚拟社区获取知识,而不分享自己的知识、经验、资源等。个体使用虚拟社区寻找知识只是虚拟社区存活的一小部分原因,虚拟社区想要持续发展,虚拟社区成员的知识分享行为才是关键因素。

只获取、不分享,虚拟社区终将成为无水之源;只有虚拟社区成员不断在社区中贡献、分享自己的知识,虚拟社区才能存活下来,才有获得成功的可能。所以,了解旁观者人数阻碍虚拟社区成员进行知识分享的影响因素及其机制,改善虚拟社区设置、促进更多的虚拟社区成员参与到知识分享中来,对于虚拟社区长远发展具有重要意义。

以往有关虚拟社区知识分享的研究着重探讨促进虚拟社区用户进行知识分享的因素。研究者们从不同的角度提出了各类理论和观点(如计划行为理论、信息技术接受模型、社会认知理论、社会资本理论等),研究者们以这些理论和观点为基础对虚拟社区知识分享的影响因素进行了大量的研究。例如,有研究者以社会认知理论为基础,探讨了个体知识分享自我效能感、个人预期等个体因素的影响,也有研究者以信息技术接受模型为基础,探讨了虚拟社区的信息质量和文化氛围等外部环境因素的作用,更多的研究者以社会资本理论为基础从虚拟社区成员之间关系的角度出发,考察了成员之间联结强度、信任等人际互动因素作用。综合来说,这些研究重点探讨的是哪些个体、群体、文化特征可以促进虚拟社区用户进行知识分享,忽视了那些对虚拟社区知识分享有阻碍作用的因素,如旁观者人数。此外,已有研究大多是基于理论构建相关的问卷以研究不同因素和虚拟社区知识分享之间的关系,对无关变量的控制不够。因此,本研究拟采用实验研究、问卷研究和大数据挖掘相结合的方法,考察旁观者人数对个体参与虚拟社区知识分享的阻碍作用,揭示虚拟社区知识分享中旁观者效应的作用机制,以帮助虚拟社区管理者和虚拟社区成员认识到旁观者人数的消极影响,进而采取相应措施,改变虚拟社区知识分享中旁观者效应的作用,促进更多的成员参与虚拟社区知识分享。

表 3.1 早期有关旁观者人数与虚拟社区知识分享行为的相关研究与本研究的比较

研究问题		已有研究	本研究
虚拟社区知识分享中是否存在旁观者效应	研究背景	在线聊天组(Markey,2000);电子邮件(Barron et al.,2002;Blair et al.,2005);虚拟社区(Voepel,2008)	虚拟社区、小木虫论坛
	理论基础	旁观者效应(Barron et al.,2002;Blair et al.,2005;Markey,2000;Voepel,2008)	旁观者效应:社会影响理论(线性关系)vs.社会作用模型(非线性关系);唤醒:代价-奖励模型;社会分类理论

续表

研究问题		已有研究	本研究
虚拟社区知识分享中是否存在旁观者效应	研究方法	参与式观察（Markey，2000；Voepel，2008）；实验法（Barron et al.，2002；Blair et al.，2005；van Bommel，2012）	实验法、数据挖掘法
	知识分享行为的测量	参与知识分享的人数（Blair et al.，2005；Markey，2000；Voepel，2008）；知识分享所需的时间（Markey，2000）；知识分享的质量（Barron et al.，2002）；知识分享的数量（van Bommel，2012）	知识分享的数量、知识分享的时间间隔
虚拟社区知识分享中的旁观者效应是怎么发生的	中介变量	无	感知到的责任感
			评价担忧
虚拟社区知识分享中的旁观者效应是怎么发生变化的	调节变量	公共自我意识（public self-awareness，van Bommel，2012）	帖子主题的紧急程度
			帖子主题的具体程度
		旁观者与求助者之间的关系（Barron et al.，2002）	旁观者与知识求助者之间的关系
			旁观者与旁观者之间的关系

如表3.1所示，整理旁观者人数与网络知识分享之间关系的相关研究发现，尽管有一些研究已经发现旁观者人数会降低个体参与虚拟社区知识分享的概率，延长知识求助和知识分享之间的时间间隔，然而，这些研究仅仅证实存在这一现象，并没有揭示这些现象发生的内部原因，针对如何避免这一现象的发生提供的建议也较少。本研究的重点是揭示旁观者人数影响虚拟社区知识分享的机制，了解虚拟社区知识分享中旁观者效应是如何发生的以及是怎么发生改变的，进而为缓解旁观者人数的消极作用提供实证支持。例如，本研究主要考察了旁观者人数对个体参与虚拟社区知识分享行为的影响是遵循社会影响理论的预期还是符合社会作用模型的假设；进而考察了旁观者人数是如何通过影响个体感知到的责任感和评价担忧进而影响其知识分享行为的；最后还考察了问题的紧急程度、具体程度、旁观者和知识求助者之间的关系以及旁观者之间的关系是如何改变旁观者人数对知识分享行为的作用的。这些研究结果，一方面可以为虚拟社区管理者提供指导，帮助虚拟社区管理者调整设置，尽量降低旁观者人数的消极影响；另一方面，可以为虚拟社区用户，尤其是通过虚拟社

区寻找知识的用户提供建议,通过调整其问题的表述以及个人信息的设置,提升其获得帮助的可能。因此,探讨旁观者人数对虚拟社区知识分享的影响及其作用机制,对今后虚拟社区和虚拟社区成员的知识分享行为具有较为重要的实践和理论意义。

第四节 提升在线学习参与度的策略:虚拟社区知识分享中存在旁观者效应的实证研究

一、实验材料的选择和检验

(一)研究目的

本研究的主要目的是选择出合适的虚拟社区帖子主题作为研究材料,考察虚拟社区知识分享中的旁观者效应。个体在网络中搜索的问题五花八门,虚拟社区中可能出现的帖子主题也是多种多样。例如,Yang等(2011)在考察社交网站中提问的文化差异的研究时发现,在社交网站中,中国人最喜欢问的问题按照高低排序可以分为以下六类:娱乐信息、科技信息、旅游信息、餐馆信息、工作信息、家庭信息。此外,2014年中国互联网信息中心发布的《中国网民搜索行为研究报告》指出,网民主要用网络搜索引擎搜索下列信息:娱乐资源(包括电影、音乐、书籍、游戏等)、购物信息、工作、学习相关信息、软件和应用信息、新闻、热点事件、交通出行信息、旅游信息、本地休闲娱乐信息等。本研究的主要对象为在校大学生,因此,有必要从这些众多信息类目中选择出适合本研究的研究对象——在校大学生进行知识分享的帖子主题。

(二)研究方法

1. 被试

采用整群抽样法,抽取安徽大学在校研究生100名,发放问卷100份。回收问卷后,剔除无效问卷18份(无效问卷包括:有规律的选择选项、有一半以上的项目未作答),共获得82份有效问卷,其中男生作答的问卷有41份。这82名被试随机评定了四个版本的帖子主题中的一个版本,不同版本帖子主题的评定人数分别为21人,21人,21人,19人。

2. 研究过程

结合 Yang 等(2011)的研究结果、中国互联网信息中心的调查结果以及虚拟社区中帖子主题的特点,研究者组织 3 名心理学专业的研究生围绕娱乐资源、工作和学习相关信息、旅游信息以及本地休闲娱乐信息等类目,提出可能在虚拟社区中发布的帖子主题。3 名成员共提出 72 个帖子主题,这些帖子主题可以分为娱乐信息、学习信息、人际交往、购物信息以及常识类信息等五类。然后,研究者和另一名心理学专业的博士生分别从这 72 个主题中选择出 20 个具有普遍性的帖子主题(即 90%以上的本科生可能遭遇的事件,本科生比较熟悉的事件)。之后,将两人的选择进行比对,最终以重合的 12 个帖子主题为基础,编制出重要程度、具体程度和紧急程度不同的帖子主题作为预实验材料。在进行预实验之前,由另一名没有参与帖子主题筹备过程的心理学专业研究生就这 4 套帖子主题的生活化程度、真实程度进行调整、修改,以便使实验材料与真实虚拟社区中的帖子主题更加一致。最后,将这 4 套帖子主题打散形成 4 个版本的问卷,每个版本的问卷由 12 个帖子主题组成。被试就这些帖子主题与个人生活的贴近程度、帖子主题描述的具体程度、帖子主题对发帖人的重要程度、发帖人需要得到帖子主题有关的回复的迫切程度以及被试对帖子主题的感兴趣程度共五个维度进行评价。根据被试评定,最终选择出重要程度、具体程度和紧急程度不同的 3 套一一对应的帖子主题用于后续实验研究,每套由 5 个帖子主题组成。

3. 统计分析方法

依据研究目的,采用 SPSS 13.0 对数据进行描述性统计分析和 t 检验分析。

(三) 结果

不同组帖子主题的描述性统计和差异分析见表 3.2。

表 3.2 不同组帖子主题的描述性统计结果

	帖子主题分组	M	SD	t
熟悉程度	不重要组	2.87	0.29	0.11
	重要组	2.90	0.65	
	不具体组	3.17	0.41	2.80*
	具体组	3.91	0.41	
	不紧急组	3.18	0.44	-0.02
	紧急组	3.17	0.69	

续表

	帖子主题分组	M	SD	t
重要程度	不重要组	2.89	0.06	4.04**
	重要组	3.27	0.19	
	不具体组	3.52	0.38	0.89
	具体组	3.74	0.39	
	不紧急组	3.19	0.50	0.99
	紧急组	3.50	0.49	
具体程度	不重要组	2.88	0.27	4.10**
	重要组	3.53	0.22	
	不具体组	3.27	0.27	4.31**
	具体组	3.96	0.23	
	不紧急组	3.20	0.48	0.67
	紧急组	3.37	0.31	
紧急程度	不重要组	2.88	0.44	1.93
	重要组	3.34	0.31	
	不具体组	3.24	0.32	1.85
	具体组	3.62	0.32	
	不紧急组	3.04	0.47	2.61*
	紧急组	3.60	0.13	
感兴趣程度	不重要组	2.74	0.26	1.45
	重要组	3.18	0.63	
	不具体组	3.45	0.31	1.01
	具体组	3.24	0.37	
	不紧急组	3.13	0.42	0.25
	紧急组	3.21	0.58	

注：*：$p<0.05$，**：$p<0.01$，以下均同。

由表3.2可知，重要组套题和不重要组套题在熟悉程度上差异显著（$t=2.80$，$p=0.023$），在重要程度上差异显著（$t=4.04$，$p=0.004$），在具体程度上差异显著（$t=4.10$，$p=0.003$），在熟悉程度、紧急程度和感兴趣程度上差异均不显著；具体组套题和不具体组套题在具体程度上差异显著（$t=4.31$，$p=0.002$），在重要程度、紧急程度和感兴趣程度上差异均不显著；紧急组套题和不紧急组套题在紧急程度上差异显著（$t=2.61,p=0.03$），在熟悉程度、重要程度、具体程度和感兴趣程度上差异均不显著。不同组套题中的具体帖子主题内容详见附录1。

（四）结论

本研究中所选定的3套帖子主题是大学生比较熟悉的、感兴趣的话题，而且不同套题只在对应维度的评价上存在差异，如不紧急组帖子主题和紧急组帖子主题只在紧急程度上差异显著，在其他四个维度的评价上差异均不显著，说明本研究中选定的帖子主题是可靠的，可用于后续研究。

二、虚拟社区知识分享行为中的旁观者效应

（一）研究目的与假设

本研究采用单因素被试间设计考察旁观者人数对虚拟社区知识分享行为的作用以及旁观者人数影响个体虚拟社区知识分享行为的作用模式。主要有两个研究目的：（1）考察在虚拟社区知识分享中是否存在旁观者效应；（2）旁观者人数作用于虚拟社区知识分享行为是遵循社会影响理论（线性关系）的预期还是符合社会作用模型（非线性关系）的假设。以往有关旁观者人数与个体行为之间关系的研究发现，旁观者人数与个体行为之间的关系有两种模式：社会影响理论（线性关系）和社会作用模型（非线性关系）。其中，社会影响理论认为旁观者人数与个体行为概率存在线性关系，即每增加一个旁观者，个体行为概率就会相应地下降。例如，Forsyth等（2002）将被试分为2人、4人、6人和8人一组，要求其完成一个小组合作任务，任务结束之后评估被试在任务中感知到的责任感，结果发现小组人数越多，个体感知到的完成任务的责任感越低。与社会影响理论相比，社会作用模型则提出了不同观点，认为当旁观者人数增加到一定数量以后，个体的行为概率稳定在一个较低的水平上，继续增加旁观者人数，不会继续引起行为概率相应地降低。Blair及其同事（2005）通过操纵电子邮件收件人列表人数（1人、2人、15人和50人）考察不同的旁观者人数（收件人列表人数）对个体邮件回复行为的影响，结果发现在1人和2人收件人数条件下被试的回复率显著高于15人和50人收件人数条件，而1人和2人、15人和50人收件人数条件两两之间被试的邮件回复率差异不显著。这一结果为社会作用模型提供了实证支持。虚拟社区知识分享中，旁观者人数的影响可能更复杂，旁观者人数与个体知识分享行为之间的关系模式是什么样的，这

一问题并没有得到回答。因此,研究一中设置了 0 人、1 人、14 人和 54 人这四种不同的旁观者人数条件,以考察旁观者人数与个体虚拟社区知识分享行为之间的关系是遵循社会影响理论的预期还是符合社会作用模型的假设。

结合 Blair 等人(2005)的研究结果以及实践经验,本研究认为旁观者人数对个体行为的影响模式可能更符合社会作用模型的假设。基于此,本研究假设:虚拟社区知识分享中存在旁观者效应,且旁观者人数与个体的虚拟社区知识分享行为之间的关系符合社会作用模型的假设。具体表现为:在浏览帖子人数较少(0 人和 1 人)的条件下,个体的知识分享数量显著高于帖子浏览人数较多(14 人和 54 人)的条件下;此外,帖子浏览人数为 0 人和 1 人时,个体的知识分享数量差异不显著;同样,在 14 人和 54 人的条件下,个体的知识分享数量差异也不显著。

(二) 研究方法

1. 被试

在学校范围内通过线下和线上两种方式发布实验广告,邀请至少具有 3 个月虚拟社区使用经验的在校学生来实验室完成实验。共有 121 名被试完成了实验,其中 6 名被试由于未注意到虚拟社区中的当前在线人数(即旁观者人数),其数据没有进行进一步分析。115 名有效被试中,99 名是女生,大一学生 33 名,大二学生 51 名,大三学生 11 名,大四及研究生共 9 名,平均年龄为 19.52 ($SD=1.70$)。被试被随机分配到不同的旁观者人数条件下,0 人、1 人、14 人和 54 人四种不同的旁观者人数条件下的样本量分别为 26 人、31 人、32 人和 26 人。

2. 研究网页设计

本研究参考主流虚拟社区平台页面,根据最常见虚拟社区帖子呈现形式设计实验界面,以让被试在最大程度上觉得这是一个真实的虚拟社区。在本实验中,每个帖子主题呈现在一个简化的虚拟社区页面上。为了防止被试对虚拟社区的偏好干扰研究结果,所以在研究设计的页面中不呈现虚拟社区的标志及广告。在网页主体部分呈现了帖子相关信息,包括帖子标题和当前在线人数信息。四种实验条件对应的页面区别仅仅在于当前在线人数上,当前在线人数分别为 1 人、2 人、15 人和 55 人,分别对应 0 个、1 个、14 个和 54 个旁观者人数条件。

实验界面主要包括四个部分:登录页面、指导语、帖子信息呈现页面以及结束页。登录页面要求被试输入自己的姓名进入虚拟社区;指导语则说明实验情境和规则;帖子信息呈现页面给被试呈现帖子主题及当前在线人数信息;结束页告知被试实验结果。之后询问被试在实验过程中是否注意到虚拟社区有多少人在线。

具体帖子呈现页面如图 3.3 所示:

图 3.3　实验用网页页面

帖子页面呈现的帖子主题为预研究中选出的不重要组帖子主题,由 5 个帖子主题组成,例如:"明天想出去散散心,附近有没有什么人比较少、风景好的旅游地点? 求小伙伴推荐。""最近特别焦虑,经常失眠怎么办?",详见附录1。

具体的实验设计和研究程序详见图 3.4。

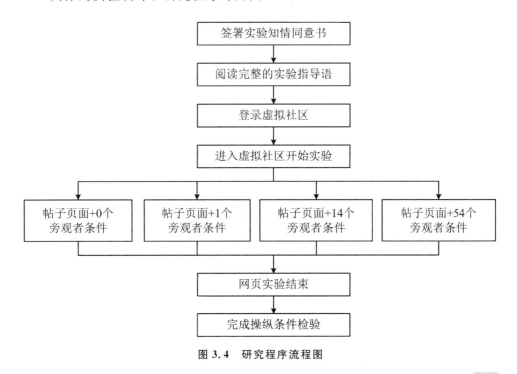

图 3.4　研究程序流程图

3. 测量工具

首先，在完成虚拟社区帖子主题浏览任务后，要求被试对帖子主题与其生活贴近程度、帖子主题的紧急程度、具体程度、重要程度以及其对帖子主题的感兴趣程度进行评分，采用五点计分。

其次，操纵条件检验，询问被试其浏览虚拟社区帖子时，是否注意到有多少人在线，并回答在线人数是多少。通过这两个问题考察被试是否注意到旁观者人数这一信息。

最后，个体的知识分享行为以被试回复的帖子主题数量为指标，被试回复一条记1分，知识分享数量最低分0分，最高分5分。

4. 研究设计

本研究采用单因素（旁观者人数：0人、1人、14人、54人）被试间设计，因变量为被试的知识分享数量。

5. 研究过程

被试来到实验室后告诉他/她这是一项调查大学生虚拟社区使用习惯的实验。被试坐在配备了电脑的小隔间里，电脑主要用于呈现虚拟社区实验材料并记录被试的知识分享行为数据。在实验开始之前，主试询问被试的姓名和性别以便为被试注册虚拟社区账号并配置不同的旁观者人数条件。

依据被试的不同条件，告知被试实验中使用的论坛是当前比较受欢迎的一个论坛/最近刚刚出现的一个论坛，拥有非常多的用户/用户人数较少。然后告诉被试进入论坛后系统会随机选择5条新的、没有任何回复的帖子呈现给被试，他们可以根据平常使用虚拟社区的习惯选择回复或者不回复这些帖子。如果选择回复在帖子下方的文本框里输入回答即可，如果选择不回复，则直接点击"下一问题"。

实验中，使用谷歌浏览器登录虚拟社区。实验开始后，帖子主题呈现在屏幕中央，下方是回复文本框，文本框下面是"上一问题""发布回答"和"下一问题"三个按钮。被试可以在屏幕的左上角看到他/她自己的名字和其他在线者的名字（在0个旁观者的条件下，只呈现被试自己的名字）。此外，我们还呈现了具体在线人数（在线人数＝旁观者人数＋1）（详见图3.3）。实验中5条帖子主题随机呈现。作为操纵检验，实验结束后主试询问被试是否注意到实验过程中有多少人在线，并要求被试评定实验过程中呈现的帖子主题与其生活的贴近程度、帖子主题描述的具体程度、对发帖人的重要程度、发帖人需要得到回复的迫切程度以及被试对帖子的感兴趣程度以控制这些与帖子主题相关的因素影响实验结果。

6. 统计分析方法

依据研究目的和假设,采用 SPSS 13.0 对数据进行描述性统计分析、方差分析。

(三) 结果

不同旁观者人数条件下,知识分享行为数量的描述性统计和差异分析见表3.3。

表3.3 不同旁观者人数条件下知识分享数量的描述性统计

	旁观者人数	N	M	SD	F
	0 人	26	3.46	1.27	
知识分享数量	1 人	31	3.52	1.09	3.46^*
	14 人	32	2.75	1.19	
	54 人	26	2.73	1.45	

单因素方差分析的结果表明,在不同的旁观者人数条件下,个体的知识分享数量差异显著($F(3,111)=3.46, p<0.05, \eta=0.29$)(见表3.3,图3.5)。事后检验发现,在0个和1个旁观者条件下,个体的知识分享数量显著高于在14个和54个旁观者条件下。这一结果证实虚拟社区知识分享中存在旁观者效应。此外,0个和1个旁观者条件下以及14个和54个旁观者条件下,个体的知识分享数量差异不显著。这一结果支持社会作用模型的假设,即旁观者人数与个体知识分享行为之间存在非线性关系,当旁观者人数增加到一定水平时,个体的知识分享行为稳定在一个相应的水平上,不再继续下降。此外,不同旁观者人数条件下被试对帖子主题紧急程度、具体程度、感兴趣程度等方面的评定差异均不显著($F(3,105)\leqslant 1.34$),说明不同旁观者人数条件下,个体的知识分享数量的差异确实是由不同的旁观者人数导致的,而不是其他原因。

(四) 讨论

依据社会作用模型,本研究假设,旁观者人数与个体行为概率之间存在非线性关系,具体表现为:在旁观者人数较少的条件之间(如0人和1人)或者旁观者人数较多的条件之间(如14人和54人),个体的知识分享数量差异不显著,但是在旁观者较多的条件下,个体的知识分享数量显著低于旁观者人数较少的条件。本研究的结果支持了这一假设。这一结果与 Blair 等(2005)以及 Martin 和 North(2015)的研究结果是一致的。例如,Martin 和 North(2015)关于网络欺凌事件中旁观者效应的研究发现,在网络情境中,旁观者人数与采取行动阻止网络欺凌事件发展的关系模式也遵循社会作用模型的预期。之所以会出现这样的结果可能是由于当旁观者人数超过一定范围之后,旁观者人数对个体行为的影响出现了天花板效应,导致旁观者人数的增加对个体行为的影响不再继续增加(Forsyth et al.,2002)。这一结果与阿希(1955)有关从众的研究结果也是一致的。阿希的研究发现,当个体面临一个其他人的反对意见时,他们通常不会改变自己的观点;当持反对意见的人由 1 个增加为 2 个时,人们会有 13.6% 的可能改变自己的观点;当有 3 个人持反对意见时,个体有 31.8% 的可能会改变自己的观点。但是,持反对意见的人超过 3 个以后,个体改变自己观点的可能不再继续提高。本研究结果证实,在虚拟社区知识分享中,旁观者人数对个体知识分享行为的影响也存在着天花板效应。

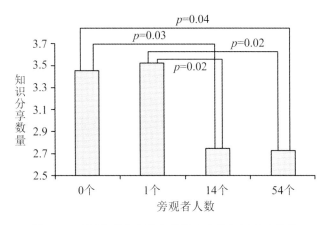

图 3.5 不同旁观者人数条件下个体的知识分享数量

然而,这一结果与传统的线下研究支持社会影响理论的假设不一致,线下研究发现,旁观者人数与个体行为/行为概率之间存在线性关系(如 Forsyth et al.,2002),认为每增加一个旁观者,个体的行为概率就会相应地降低一点。尽管线上与线下均存在旁观者效应,但在网络情境中,旁观者人数的作用模式并不一致。这种不一致可能是由于线上和线下交往方式的不同引起的(Subrahmanyam et al.,2008)。未来研究可深入考察这些差别的内在本质。这种不一致也有可能是由线上和线下自身环境不同引起的。在线下的旁观者效应研究中,研究者设置的旁观者人数是有限的,大多是研究设置的旁观者人数在 3—8 个之间;而线上旁观者效应的研究,由于旁观者人数是虚拟存在的,研究者可以自由设置旁观者人数,大多数设置 14 个或 54 个旁观者,甚至最多的设置有

5024个旁观者（如Obermaier et al.，2014）。这使得线上旁观者效应的研究能更有效地揭示旁观者人数与个体行为或行为概率关系模式的本质。未来研究可尝试扩大线下旁观者人数的规模，深入考察旁观人数影响个体行为的作用模式。

（五）小结

本研究主要得出以下两个结论：

（1）虚拟社区中个体的知识分享行为数量受到旁观者人数的影响，即虚拟社区知识分享中存在旁观者效应；

（2）旁观者人数对个体知识分享数量的影响遵循社会作用模型的假设，即当旁观者人数增加到一定程度时，个体的知识分享行为数量不再继续降低，保持在一个较低的稳定的水平。

三、虚拟社区知识分享行为中旁观者效应的中介变量

很明显，群体对个体的行为决策有直接的影响，由旁观者组成的群体尤其如此。不同领域（如心理学、社会学、经济学、信息管理学等）中的研究者们均发现了这一现象，旁观者效应的相关研究对深入理解群体对个体行为决策的影响做出了重要贡献。线下旁观者效应的研究中，研究者们发现旁观者人数增加时容易降低个体感知到的采取行动的责任感、增加个体对来自他人负面评价的担忧，从而降低了其行为概率。在虚拟社区知识分享的研究中，也有研究者提出感知到的责任感降低是引发旁观者效应的主要原因（Markey，2000；Voelpel et al.，2008），但是并没有实证研究证实这一猜想。尽管在网络欺凌的研究中，有研究发现，在旁观者人数较多的条件下，个体感知到的责任感更低，更少采取行动阻止网络欺凌事件的发生，感知到的责任感在旁观者人数和个体行动之间起中介作用（Obermaier et al.，2014）。然而，虚拟社区知识分享与网络欺凌事件相比，其严重程度以及可能对知识求助者（发帖人）带来的伤害相比是较低的，这一特征本身可能就会影响个体感知到的责任感。因此，可以推测在虚拟社区知识分享中，感知到的责任感在旁观者人数与知识分享行为的关系中扮演的角色可能并不相同。然而目前并没有实证研究考察感知到的责任感是否会影响虚拟社区知识分享中的旁观者效应。基于此，子研究一考察了感知到的责任感是否会在旁观者人数与虚拟社区知识分享行为之间起中介作用。

与感知到的责任感相比，评价担忧对网络情境中旁观者效应的影响受到的

关注更少。个体在虚拟社区中进行知识分享是需要付出一定代价的,代价之一就是知识分享之后可能会收到来自他人的负面评价。评价担忧就是指个体害怕或担心来自他人的负面评价的现象(Rosenberg,1969)。在有他人出现的情况下均有可能发生评价担忧,他人的在场会激发个体对于来自他人的消极评价的猜测。因而在旁观者人数较多的情况下,个体感知到的评价担忧也会越大。虚拟社区知识分享的研究发现,评价担忧是影响个体参与虚拟社区知识分享的重要原因之一(Bordia et al.,2006;Wang et al.,2010)。而传统的线下旁观者效应的研究证实评价担忧是旁观者人数影响个体行为决策的中介变量。网络情境与线下情境的另一个重要区别在于网络事件传播的范围更广泛,这可能使得网络环境自身就能引发个体的评价担忧(Eisingerich et al.,2014);另一方面,网络又具有匿名性的特点,可以保护个体的隐私信息,降低个体的评价担忧。在虚拟社区知识分享中,旁观者人数与个体的知识分享行为之间是否受到个体评价担忧的影响,这一问题并没有得到回答。基于此,子研究二考察了评价担忧在旁观者人数与个体知识分享行为之间的作用。

综上,了解个体感知到的责任感和评价担忧在旁观者人数与虚拟社区知识分享之间的关系,一方面可以揭示在虚拟社区知识分享中,旁观者效应是怎么发生的;另一方面可以说明感知到的责任感、评价担忧是否是解释旁观者人数影响个体行为的普遍性原因;此外,针对旁观者人数影响个体虚拟社区知识分享行为的原因,可以采取相应的措施减缓旁观者人数对个体虚拟社区知识分享行为的消极影响。我们采用行为实验设计,分两个研究探讨了旁观者人数影响个体虚拟社区知识分享行为的中介机制,其中,子研究一考察了感知到的责任感是否在旁观者人数和个体虚拟社区知识分享行为中起中介作用;子研究二考察了旁观者人数是否通过影响评价担忧进而作用于个体在虚拟社区中的知识分享行为。

(一)感知到的责任感的作用

1. 研究目的和假设

本研究的目的是考察虚拟社区知识分享中旁观者效应是如何发生的,即考察在虚拟社区知识分享中,旁观者人数是否同样是通过影响个体感知到的责任感进而作用于个体的知识分享行为的。以往有关旁观者人数与虚拟社区知识分享之间关系的研究以及研究一均证实在虚拟社区知识分享中存在着旁观者效应。旁观者人数越多(如在线人数、邮件收件人列表人数等),个体的知识分享数量越少。但是先前的研究中并没有说明虚拟社区知识分享中旁观者效应是如何发生的。本研究拟采用实证研究考察感知到的责任感对虚拟社区知识分享中旁观者效应的影响。研究假设：在旁观者人数较多的条件下，个体感知到进行知识分享行为的责任感更低；感知到的责任感越低，个体的知识分享行为越少；感知到的责任感在旁观者人数和虚拟社区知识分享行为之间起中介作用。

2. 研究方法

（1）被试

采用随机整群抽样法，抽取安徽大学大二学生共100名，邀请他们来实验室完成实验，共有86名学生参与了实验研究，其中11名被试由于未注意到虚拟社区中的当前在线人数（即旁观者人数），他们的数据没有进行进一步分析。75名有效被试中，8名是女生，年龄范围为18—23岁，平均年龄为19.53（$SD=0.87$）。被试被随机分配到不同的旁观者人数条件下，1人和54人两种不同的旁观者人数条件下的样本量分别为41人和34人。

（2）测量工具

旁观者人数的操纵检验、控制变量（如帖子主题贴近生活程度、帖子主题具体程度、个体感知到知识求助者迫切需要得到帖子主题相关的回复的程度、个体对帖子主题的感兴趣程度）以及知识分享行为的测量同研究一。

感知到的责任感采用Greitemeyer等（2006）编制的问卷，共包括三个项目测量被试感知到的责任感，得分越高说明个体感知到的责任感越高。

（3）研究设计

本研究采用单因素（旁观者人数1人 vs. 54人）被试间设计，因变量为被试感知到的责任感和知识分享数量。

（4）研究过程

同研究一。

（5）统计分析方法

依据研究目的和假设，采用SPSS 13.0对数据进行描述性统计分析、t检验、相关分析和回归分析。

3. 结果

（1）描述性统计结果

各研究变量的描述性统计结果如表3.4所示。

表 3.4　不同旁观者人数条件下各研究变量的平均数和标准差

	1 人	54 人
知识分享数量	4.43±0.74	3.62±1.45
感知到的责任感	3.14±0.63	2.85±0.50

为了考察旁观者人数对个体知识分享行为和感知到的责任感的影响,我们对数据进行了独立样本 t 检验。结果发现,当有 1 个旁观者时,个体的知识分享数量显著高于有 54 个旁观者时, $t=2.98, p<0.01, g=0.73$;不同旁观者人数条件下,个体感知到的责任感差异显著, $t=2.13, p<0.05, g=0.51$。

(2) 相关分析

为了验证感知到的责任感在旁观者人数与虚拟社区知识分享行为关系间的作用,我们在控制帖子主题贴近生活程度、具体程度、紧急程度等相关因素的基础上,将旁观者人数转化为虚拟变量(1 个旁观者人数条件编码为 0,54 个旁观者人数条件编码为 1),对旁观者人数、感知到的责任感和知识分享数量进行了偏相关分析,结果见表 3.5。

表 3.5　旁观者人数、感知到的责任感和知识分享数量的偏相关

	旁观者人数	感知到的责任感
旁观者人数		
感知到的责任感	−0.24*	
知识分享数量	−0.35**	0.27*

由表 3.5 可知,控制了对帖子主题评价的相关因素后,旁观者人数与个体的知识分享数量呈显著负相关关系,表明只有 1 个旁观者时,个体的知识分享数量较多;旁观者人数与个体感知到的责任感之间也存在着显著的负相关关系,即旁观者人数越多个体感知到的责任感越低;个体感知到的责任感与知识分享数量之间同样存在显著的正相关关系,表明个体感知到的责任感越高,越有可能做出知识分享行为。

(3) 回归分析

本研究采用逐步回归分析考察了感知到的责任感在旁观者人数和虚拟社区知识分享行为中的中介作用,详见表 3.6。以知识分享数量为因变量,旁观者人数和感知到的责任感为自变量,以性别、年龄、使用论坛时长以及与帖子主题相关的评价因素为控制变量,进行逐步回归分析。

表 3.6　知识分享数量对旁观者人数和感知到的责任感的回归分析

变量	第一层		第二层		第三层	
	β	t	β	t	β	t
性别	0.11	0.66	0.05	0.34	0.05	0.33
年龄	−0.29	−0.18	−0.25	−1.66	−0.27	−1.83
使用论坛时长	−0.15	−0.90	−0.15	−0.98	−0.29	−1.81
熟悉程度	0.28	1.46	0.20	1.06	0.25	1.41
具体程度	−0.05	−0.22	−0.04	−0.20	−0.10	−0.51
紧急程度	0.53	1.70	0.39	1.29	0.47	1.59
感兴趣程度	0.20	1.01	0.24	1.24	0.20	1.12
旁观者人数			−0.28	−2.01*	−0.16	−1.13
感知到的责任感					0.33	2.21*
R^2	0.32		0.39		0.46	
△R^2	0.32		0.07		0.07	
F 值	2.23*		2.59*		3.07**	
△F 值	2.23*		4.05*		4.86*	

逐步回归分析结果发现,旁观者人数能显著负向预测个体的知识分享数量($\beta=-0.28, p=0.05$)。将感知到的责任感纳入回归方程后,感知到的责任感能显著正向预测个体的知识分享数量($\beta=0.33, p=0.03$),旁观者人数对知识分享数量的预测系数由显著($\beta=-0.28, p=0.05$)变为不显著($\beta=-0.16, p=0.27$)。这一结果说明感知到的责任感在旁观者人数和知识分享数量之间起完全中介作用,旁观者人数对个体知识分享数量的影响是通过影响个体感知到的责任感起作用的。

4. 讨论

本研究比较了较少和较多旁观者人数条件下个体感知到的责任感和知识分享数量,结果发现旁观者人数对个体知识分享数量的影响是通过感知到的责任感起作用的。因此,本研究的一个重要发现就是,当有较多的旁观者出现时,个体感知到与他人分享知识的责任感降低,进而减少了其知识分享的数量。这一研究结果与先前有关旁观者效应的研究是一致的(Obermaier et al.,2014)。

5. 小结

通过比较 1 个和 54 个旁观者人数条件下个体感知到的责任感和虚拟社区知识分享数量,本研究主要得出以下三个结论:

(1) 与研究一相同,本研究发现,旁观者人数会影响个体的知识分享行为,表现为旁观者人数越多,个体的知识分享数量越少;此外,旁观者人数会影响个体感知到的责任感,表现为旁观者人数越多,个体感知到的进行知识分享的责任感越低。

(2) 个体感知到的责任感可以正向预测其知识分享数量,个体感知到的责任感越高,会越多地进行知识分享。

(3) 个体感知到的责任感在旁观者人数和知识分享数量之间起完全中介作用,即旁观者人数对知识分享数量的影响是通过影响个体感知到的责任感实现的。

(二) 评价担忧的作用

1. 研究目的和假设

子研究二的目的是考察评价担忧在旁观者人数与虚拟社区知识分享关系中所起的作用,即考察在虚拟社区知识分享中,旁观者人数是否会通过作用于个体的评价担忧从而影响其知识分享行为。研究假设:在旁观者人数比较多的条件下,个体体验到的评价担忧越高;个体体验到的评价担忧越高,其在虚拟社区中分享知识的数量越低;评价担忧在旁观者人数与个体在虚拟社区知识分享数量之间起中介作用。

2. 研究方法

(1) 被试

采用随机整群抽样法,抽取安徽大学大一、大二的学生共 100 名,邀请他们来实验室完成实验,共有 64 名学生参与了实验研究,其中 8 名被试由于未注意到虚拟社区中的当前在线人数(即旁观者人数),他们的数据没有进行进一步分析。56 名有效被试中,45 名是女生,大一学生 20 名,大二学生 31 名,有 5 名被试没有填写年级信息,年龄范围为 17—21 岁,平均年龄为 19.08($SD=1.05$)。被试被随机分配到不同的旁观者人数条件下,1 人和 54 人两种不同的旁观者人数条件下的样本量各为 28 人。

(2) 测量工具

旁观者人数的操纵检验,控制变量,如帖子主题贴近生活程度、帖子主题具体程度、个体感知到知识求助者迫切需要得到帖子主题相关的回复的程度、个体对帖子主题的感兴趣程度,以及知识分享行为的测量同研究一。

评价担忧的测量采用 Van Acker 等(2014)编制的评价担忧量表,该量表由 5 个题目组成,评价个体对回复他人帖子担心遭到负面评价的程度。例如:"回复发帖人的帖子,我害怕会暴露我知识匮乏。"得分越高,说明个体越担心来自他人的负面评价。

(3) 研究过程

同研究一。

(4) 统计分析方法

依据研究目的和假设,采用 SPSS 13.0 对数据进行描述性统计分析、t 检验、相关分析和回归分析。

3. 结果

(1) 描述性统计结果

各研究变量的描述性统计结果如表3.7所示。

表 3.7　不同旁观者人数条件下各研究变量的平均数和标准差

	1 人	54 人
知识分享数量	4.28±0.85	3.61±1.34
评价担忧	2.39±0.85	2.55±0.72

为了考察旁观者人数对个体知识分享行为和感知到的评价担忧的影响,我们对数据进行了独立样本 t 检验。结果发现,当有1个旁观者时,个体的知识分享数量显著高于有54个旁观者,$t=2.26, p<0.05, g=0.50$;不同旁观者人数条件下,个体感知的评价担忧差异不显著,$t=-0.77, p=0.44$。

(2) 相关分析

在控制对帖子主题贴近生活程度、具体程度、紧急程度等相关因素的基础上,将旁观者人数转化为虚拟变量(1个旁观者人数条件编码为0,54个旁观者人数条件编码为1),对旁观者人数、感知到的责任感和知识分享数量进行偏相关分析,结果见表3.8。

表 3.8　旁观者人数、评价担忧和知识分享数量的偏相关

	旁观者人数	评价担忧
旁观者者人数		
评价担忧	0.10	
知识分享数量	−0.29*	−0.19

由表3.8可知,控制了对帖子主题评价的相关因素后,旁观者人数与个体的知识分享数量呈显著负相关关系,表明当只有1个旁观者时,个体的知识分

享数量越多;评价担忧与旁观者人数以及知识分享数量相关不显著,表明本研究中不同的旁观者人数对个体的评价担忧没有影响,个体自身的评价担忧也未影响其知识分享数量。研究假设,评价担忧在旁观者人数和个体知识分享行为之间起中介作用,但鉴于评价担忧与旁观者人数以及个体的知识分享行为差异不显著,因此,本研究并未验证上述假设。

4. 讨论

本研究通过比较 1 个和 54 个旁观者人数条件下个体的知识分享数量,再一次证实在虚拟社区知识分享中存在着旁观者效应。然而,本研究并未发现旁观者人数对个体评价担忧的影响,也未证实评价担忧对个体知识分享行为的影响,因此没能发现评价担忧在旁观者人数和知识分享行为之间起中介作用。这一结果与 Latane 和 Darley(1970)的预测并不相符,这可能是由以下原因引起的。

第一,网络环境自身的特殊性,可能使得个体不再担心来自他人的消极评价,因此无论在旁观者人数较多或较少的情况下,个体的评价担忧水平都较低。匿名性是网络环境的一个重要特点,研究发现在网络情境中,个体更少地受到社会赞许性的影响,因而更愿意在网络中进行自我表露(Joinson,1999)。此外,网络环境的匿名性使得负面评价的伤害降低。Suler(2004)指出,网络匿名性的特点使得个体可以建立起一个独特的"网络自我",在受到伤害的时候可以通过否认的方式(如"他们说的根本不是我")保护自己。因此,匿名性可能是虚拟社区中个体不担心来自他人的负面评价的一个重要原因。

第二,虚拟社区自身的文化氛围可能有助于缓解个体的评价担忧,使得个体不再担心他人的消极评价。随着互联网的发展,网络行为规则不断完善,几乎所有的虚拟社区都有关于严禁侮辱他人、严禁使用不文明用语等规定,这些规则在一定程度上保护了虚拟社区用户的权益。这可能是在虚拟社区中个体进行知识分享不担心收到来自他人的负面评价的另一个原因。未来研究可深入挖掘,进一步研究网络情境中评价担忧现状及其影响因素。

5. 小结

通过比较 1 个和 54 个旁观者人数条件下个体的评价担忧和虚拟社区知识分享数量,本研究主要得出以下两个结论:

(1) 与研究一相同,本研究发现,旁观者人数会影响个体的知识分享行为,表现为旁观者人数越多,个体的知识分享数量越少;然而,旁观者人数对个体的评价担忧没有影响。

(2)评价担忧不能预测个体的知识分享数量,即个体的虚拟社区知识分享行为不受其评价担忧水平的影响。

四、虚拟社区知识分享行为中旁观者效应的调节变量

Fischer等(2011)对近40年来有关旁观者效应的实证研究进行了元分析,结果发现在不同情境中,均存在着旁观者人数影响个人行为的现象。但是,更值得注意的是,其研究结果还发现,在少数情境中,旁观者效应会出现反转。实际上,已有实证研究支持这一假设。例如van Bommel等(2012)研究发现,采取一定的措施(如将虚拟社区中个体的名字标红并加粗,以便与其他旁观者的名字区分开来)增加个体感知到的公共自我意识,可以有效降低旁观者人数对个体虚拟社区知识分享行为的消极影响。此外,Levine和Crowther(2008)的研究发现,在群体认同感较高的条件下,较多的旁观者人数不仅不会降低个体的亲社会行为,反而会促进其亲社会行为。这些研究结果表明早期研究者们可能过于关注旁观者人数对个体行为影响的消极面,而忽略了旁观者人数可能存在的积极面。以上分析说明研究者们应该更多地探讨特定情境下旁观者存在的潜在积极作用。

研究一和研究二的结果表明在虚拟社区知识分享中存在着旁观者效应,而且旁观者人数是通过降低个体感知到的责任感对个体的知识分享行为起到阻碍作用的。而虚拟社区的发展壮大离不开个体的知识分享行为,我们研究虚拟社区知识分享中的旁观者效应,探讨虚拟社区知识分享中旁观者人数的作用模式、作用机制,最根本的目的是寻找到调节变量,缓解或改变虚拟社区知识分享中存在的旁观者效应。因此,本研究中我们整理了可能影响旁观者人数与个体虚拟社区知识分享行为二者关系的因素,以考察在特定的情境中,旁观者人数对个体虚拟社区知识分享行为的影响是否会发生反转。

整理影响旁观者人数和个体行为之间关系的调节变量发现,主要有两类因素会在旁观者人数与个体行为关系之间起调节作用,一类是与事件有关的变量(情境变量),如事件的紧急程度、事件的具体程度、事件发生的时间等。具体到虚拟社区知识分享中,与虚拟社区知识分享相关的事件变量包括虚拟社区类型、虚拟社区中帖子主题相关因素。而先前虚拟社区知识分享旁观者效应的研究在不同类型的虚拟社区(如网络讨论组、雅虎知识堂、电子邮件等)中均发现存在着旁观者效应,因此,本研究没有关注虚拟社区的类型这一事件相关变量,

转而重点关注与虚拟社区帖子主题有关的事件相关变量。虚拟社区中帖子主题有关的事件变量,包括帖子主题的紧急程度(即知识求助者有多迫切地需要得到有关帖子主题的回复)、帖子主题描述的具体程度(即知识求助者是否清楚地描述了他/她所面临的问题)、帖子主题的发布时间等。在这些变量中,帖子主题的紧急程度、帖子主题描述的具体程度是知识求助者可以操纵、控制的因素,而且这类变量与其他研究中考察的事件紧急程度、事件具体程度也更接近,因而,本研究重点从这两个方面考察了虚拟社区中事件相关变量对改变虚拟社区知识分享中存在的旁观者效应的作用。

另一类能够调节旁观者人数与个体行为之间关系的变量是群体关系变量(与人有关的变量),这里的人主要包括旁观者和事件参与者。例如,在网络欺凌情境中,旁观者效应涉及旁观者、欺凌者和被欺凌者这三类群体(Holfeld,2014)。而在虚拟社区知识分享中参与者也可以分为三类:知识求助者、知识贡献者和旁观者。鉴于本研究重点关注虚拟社区知识分享中存在的旁观者效应,因此,本研究重点从知识求助者和旁观者这两个方面考察群体关系变量在旁观者人数与虚拟社区知识分享行为关系之间起的作用。

基于此,研究三从与事件关系变量以及与群体相关变量这两个方面考察了帖子主题紧急程度、帖子主题详细程度、旁观者与知识求助者之间的关系以及旁观者之间的关系是否会改变虚拟社区知识分享中存在的旁观者效应,为虚拟社区管理者、知识求助者提供具体可行的建议,以便缓解旁观者人数带来的消极影响,促进更多的虚拟社区成员参与知识分享。

(一)帖子主题紧急程度的调节效应

1. 研究目的和假设

子研究一的目的是为了考察帖子主题的紧急程度是否会改变旁观者人数与虚拟社区知识分享数量之间的关系,即在帖子主题比较紧急的条件下,旁观者人数对个体知识分享数量的消极作用是否会缓解。有关其他情境中旁观者效应的相关研究发现,个体对事件(如网络欺凌、虚拟社区知识求助行为)本身的认知表征,尤其是对事件紧急程度的评价是影响其行为决策的一个重要因素。当事件比较紧急时,不采取行动的代价更大,因而个体更有可能做出相应的行为(如与他人分享知识、阻止欺凌事件等)。这一假设也得到了一定的实证研究支持,DeSmet等(2012)研究发现,在网络欺凌事件中,当遇到比较紧急的事件时,青少年更有可能采取行动帮助那些被欺凌的人(DeSmet et al.,2012)。由此可以推测,在虚拟社区知识分享中,如果知识求助者强调其迫切地需要得到与帖子主题有关的答复,相比较于单纯的知识求助,其更有可能得到别人的回答。有研究者在电子邮件情境中考察了这一假设。Lewis 及其同事(2004)在考察电子邮件收件人列表中的人数(旁观者人数)对个体问卷填写行为(邮件中要求填写一个问卷)影响的研究中,通过在邮件开头加"!"符号以达到突出帖子主题紧急程度的效果,拟考察增加"!"符号是否会在旁观者人数与个体问卷填写行为间起调节作用。结果发现,无论是旁观者人数还是是否设置邮件紧急程度(加"!")均不会影响个体的问卷填写行为。这一结果可能是由以下三个原因引起的:第一,旁观者人数的操纵不当。先前使用电子邮件作为考察网络情境中收件人列表人数的影响更多的是以邮件回复行为作为因变量,邮件回复行为并不会影响收件人注意到收件人列表(即旁观者人数)信息。而在 Lewis 等(2004)研究中将因变量设置为点击邮件中的问卷链接,以问卷完成度作为因变量。这种因变量的设置存在一个问题:个体点击网络问卷后,转跳到网络问卷页面,在这个页面中收件人列表人数(即旁观者人数)不再呈现,这意味着完成问卷时,根本不存在旁观者人数这个因素。第二,因变量的选取不当。Lewis 等(2004)采用个体的问卷完成率作为因变量的测量方式。有关网络问卷回收率的调查发现,网络问卷回收率很容易受到受测者年龄的影响,年轻人更愿意完成网络问卷。在 Sohn(2001)比较网络问卷(包括电子邮件发送的问卷)和线下问卷回收率差异的研究中发现,网络问卷的平均回收率为 17.9%,其中年龄在 30 岁以下的被试的问卷回收率为 25.9%。在 Lewis 等(2004)研究中被试为大学生,平均年龄为 $24.18(SD=7.62)$,问卷的回收率为 27.9%,这一结果与 Sohn(2001)的结果相匹配。除此之外,收集问卷很明显需要大量的被试来完成,因此即使收件人列表中只有 1 个收件人,也无法让被试相信只有他/她一个人需要完成问卷。这种因变量的选取可能是导致不同条件旁观者人数条件下,个体的行为差异不显著的一个重要原因。第三,通过添加"!"操纵邮件的紧急程度,有效性有待验证。研究中,Lewis 等并没有检验添加"!"符号是否会影响邮件收件人感知到的事件紧急程度。是否加"!"符号没有影响收件人的问卷填写行为可能是因为添加这一符号并没有增加收件人感知到的事件紧急程度,收件人甚至可能都没有注意到这一符号。因此,有必要进一步考察情境的紧急程度对旁观者效应的影响。

研究一和研究二已经证实在虚拟社区知识分享中存在着旁观者效应,本研究拟通过直接操纵帖子主题的紧急程度来考察帖子主题的紧急程度是否会在旁观者人数与个体的知识分享行为间起调节作用,以揭示虚拟社区知识分享中的旁观者效应是怎么发生改变的。本研究假设:帖子主题的紧急程度在旁观者人数与虚拟社区知识分享数量之间起调节作用。具体来说,在帖子主题比较紧急的条件下,旁观者人数不会影响个体的知识分享数量;而在帖子主题不紧急的情况下,旁观者人数越多,个体的知识分享数量越少。

2. 研究方法

(1) 被试

采用随机整群抽样法,抽取安徽大学大一、大二的学生共 200 名,邀请他们来实验室完成实验,共有 177 名学生参与了实验研究,其中 8 名被试由于未注意到虚拟社区中的当前在线人数(即旁观者人数),他们的数据没有进行下一步分析。169 名有效被试的年龄范围为 17—23 岁,平均年龄为 19.35($SD=0.92$)。被试被随机分配到不同帖子主题(紧急或不紧急)和旁观者人数(1 人或 54 人)这四种实验条件下:1 个旁观者紧急条件下有 43 个被试,1 个旁观者不紧急条件下有 46 个被试;54 个旁观者紧急条件下有 37 个被试,54 个旁观者不紧急条件下有 43 个被试。

(2) 研究设计

采用 2(旁观者人数:1 人 vs. 54 人)×2(帖子主题的紧急程度:紧急 vs. 不紧急)的组间设计。因变量为被试的知识分享数量,控制变量包括帖子主题的贴近生活程度、具体程度、个体对帖子主题的熟悉程度、感兴趣程度。

(3) 研究材料

预研究中确定的实验材料所采用的两组帖子主题在熟悉程度、详细程度、感兴趣程度等维度上匹配,唯一的差别在于个体对帖子主题紧急程度的评定。根据预研究中个体对帖子主题紧急程度的评定,确定一组紧急帖子主题和一组不紧急帖子主题作为实验材料。

(4) 测量工具

旁观者人数的操纵检验、控制变量(如帖子主题与个体生活贴近程度、具体程度、感兴趣程度等)以及知识分享行为的测量同研究二。

(5) 研究过程

本研究在帖子内容页面中将帖子主题分为两种:紧急的主题和不紧急的主题,以实现操纵问题的紧急程度,除了实验中采用的帖子主题不同外,其余均与研究一相同。

(6) 统计分析方法

依据研究目的和假设,采用 SPSS 13.0 对数据进行描述性统计分析、F 检验和简单效应分析。

3. 结果

(1) 操纵条件的有效性检验

我们预测分配到不同组的被试对帖子主题贴近生活程度、重要程度、具体程度、感兴趣程度的评价没有差异,对帖子主题紧急程度的评价差异显著。单因素 t 检验的结果支持了我们的预期,分配到紧急套题主中的被试对帖子主题紧急程度的评价显著高于分配到不紧急套题组的被试,$t(152)=2.72, p<0.01, g=0.44$;对帖子主题贴近生活的程度、重要程度、具体程度、感兴趣程度的评价差异不显著,$t\leqslant1.38, p>0.05$(详见表3.9)。这一结果说明个体对紧急套题组帖子主题紧急程度的感知显著高于不紧急组套题,实验操纵是有效的。

表3.9 被试对不同紧急程度帖子主题的评价

	帖子主题分组	M	SD	t
紧急程度	紧急组	4.10	0.69	2.72**
	不紧急组	3.80	0.67	
熟悉程度	紧急组	3.60	0.79	0.88
	不紧急组	3.49	0.72	
重要程度	紧急组	3.92	0.81	1.27
	不紧急组	3.76	0.74	
具体程度	紧急组	3.55	0.78	1.38
	不紧急组	3.49	0.19	
感兴趣程度	紧急组	3.29	0.69	0.87
	不紧急组	3.18	0.69	

(2) 不同实验条件下个体的知识分享数量的描述性统计和方差分析

为揭示旁观者人数和帖子主题紧急程度对个体知识分享行为的影响,本研究统计了不同旁观者人数和不同紧急程度条件下个体的知识分享行为数量(详见表3.10)。

表3.10 不同实验条件下个体的知识分享行为平均数和标准差

帖子主题	1人	54人
紧急	3.63±1.27	4.14±1.20
不紧急	4.28±0.86	3.72±1.50

对数据进行完全随机方差分析,帖子主题紧急程度主效应不显著,$F(1,$

165)=0.60,p=0.53;旁观者人数主效应不显著,$F(1,165)$=0.02,p=0.88;旁观者人数与帖子主题紧急程度之间的关系与旁观者人数的交互作用显著,$F(1,165)$=7.96,p<0.01,η_p^2=0.046。简单效应分析表明,在紧急条件下,即被试知觉到知识求助者迫切需要得到与帖子主题有关的知识时,不同旁观者人数条件下个体的知识分享数量差异不显著,$F(1,1)$=3.55,p=0.06;在不紧急条件下,即知识求助者不那么迫切需要得到与帖子主题有关的知识时,只有1个旁观者条件下的个体知识分享数量显著高于有54个旁观者时,$F(1,1)$=4.74,p<0.05(详见图3.6)。这一结果支持了本研究提出的假设,旁观者人数个体的知识分享行为受帖子主题紧急程度的影响。具体表现为:当知识求助者表达出迫切地需要得到帖子主题有关的回复时,个体的知识分享行为不受旁观者人数的影响。

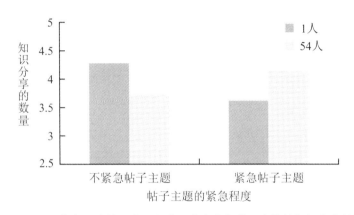

图3.6 不同紧急程度帖子主题和旁观者人数条件下个体的知识分享数量

4. 讨论

子研究一的结果表明,帖子主题的紧急程度会影响旁观者人数与个体知识分享行为之间的关系,在帖子主题比较紧急的情况下,旁观者人数的增加并不会降低个体的知识分享数量。这一结果揭示了通过表达迫切需要得到与帖子主题相关知识的心情以突出帖子主题的紧急程度可以使得个体在较多旁观者条件下做出更多的(而非更少的)知识分享行为。在分配到不紧急套题组的个体的知识分享行为中还是存在着旁观者效应,而分配到紧急套题组的个体其知识分享行为不受旁观者人数的影响,这一结果为本研究假设提供了实证支持。

当知识求助者迫切需要得到帖子主题相关的知识时,个体的知识分享行为受到其他旁观者的影响较小,不会因为旁观者人数的增加而更少地进行知识分享。这主要是由于当帖子比较紧急时,个体不进行知识分享的代价更大,且做出知识分享行为对于知识求助者来说获益更大,因而更有可能做出与他人分享知识的决策。总之,子研究一的结果证实:突出需要得到与帖子主题相关知识的迫切程度能有效地缓解较多的旁观者人数带来的消极影响,对于虚拟社区中的知识求助者获得他人分享的知识具有重要作用。

5. 小结

通过比较不同紧急程度的帖子主题以及旁观者人数条件下个体在虚拟社区知识分享数量,本研究发现,帖子主题的紧急程度在旁观者人数与个体知识分享行为之间起调节作用,具体表现为:

(1) 在帖子主题不紧急的条件下,旁观者人数较多(54个)条件下个体的知识分享数量显著低于旁观者人数较少(1个)的条件下,说明在帖子主题不紧急的情况下,个体的虚拟社区知识分享中存在着旁观者效应;

(2) 在帖子主题比较紧急的条件下,1个和54个旁观者人数条件下个体的知识分享数量差异不显著,说明在帖子主题比较紧急的情况下,虚拟社区知识分享中的旁观者效应发生了改变。

(二) 帖子主题具体程度的调节效应

1. 研究目的和假设

子研究二的目的是考察帖子主题的具体程度是否会改变旁观者人数与虚拟社区知识分享数量之间的关系,即在帖子主题比较具体的条件下,旁观者人数对个体知识分享数量的消极作用是否会缓解。子研究一的结果证实:帖子主题的紧急程度会调节旁观者人数与个体知识分享行为之间的关系,知识求助者在帖子主题中突出其急切需要得到与帖子主题有关的知识,能显著提高个体的知识分享数量,缓解较多旁观者人数带来的消极影响。与帖子主题相关的另一个因素——具体程度是否同样会在旁观者人数与个体的知识分享行为的关系中起调节作用呢?这是本研究拟解决的问题。社会影响理论认为,旁观者人数之所以会影响个体的行为概率,事件的模糊程度是另一个原因。在模糊情境中,由于缺乏社会线索,个体更倾向于参照他人的行为而做出行为决策。在这种情况下,个体更有可能跟随他人做出不采取行动的决策(Hudson et al., 2004)。此外,关于虚拟社区知识分享意愿的研究发现,如果个体自身拥有的知识与虚拟社区中已有知识比较匹配的情况下,个体更愿意进行知识分享。综合上述研究结果,本研究认为,帖子主题描述的具体程度会影响旁观者人数与个体虚拟社区知识分享行为之间的关系。首先,帖子主题描述的越具体,越有利于降低情境的模糊程度,个体对外部线索(如其他旁观者的反应)依赖程度越低,因而其知识分享行为更少受到其他旁观者的影响。其次,帖子主题越具体,越有利于个体评估其自身知识与虚拟社区中已有知识的匹配情况,减少了由于信息不明对个体知识分享可能带来的消极影响。基于此,本研究假设:帖子主题的具体程度在旁观者人数与虚拟社区知识分享行为之间起调节作用。具体来说,在帖子主题相对比较具体的条件下,旁观者人数不会影响个体的知识分享数量;而在帖子主题不具体的情况下,旁观者人数越多,个体的知识分享数量越少。

2. 研究方法

(1) 被试

在学校范围内通过线下和线上两种方式发布实验广告,邀请至少具有3个月虚拟社区使用经验的在校学生来实验室完成实验。共有136名被试完成了实验,其中1名被试由于未注意到虚拟社区中的当前在线人数(即旁观者人数),其数据没有进行进一步分析。135名有效被试中,93名是女生,大一学生71名,大二学生32名,大三学生6名,大四及研究生共26名,年龄范围为17—26岁,平均年龄为19.57($SD=2.11$)。被试被随机分配到不同的帖子主题和旁观者人数条件下,具体帖子主题1个旁观者、具体帖子主题54个旁观者、不具体帖子主题1个旁观者和不具体帖子主题54个旁观者四种不同实验条件下的样本量分别为:32人、37人、36人和30人。

(2) 研究设计

采用2(旁观者人数:1人 vs. 54人)×2(帖子主题的具体程度:具体 vs. 不具体)的组间设计。因变量为被试的知识分享数量,控制变量包括帖子主题的紧急程度、个体对帖子主题的感兴趣程度、熟悉程度等。

(3) 研究材料

采用预研究中确定的实验材料,所采用两组的帖子主题在熟悉程度、紧急程度、个体对帖子主题的感兴趣程度等维度上匹配,唯一的差别在于个体对帖子主题具体程度的评价。根据个体对帖子主题具体程度的评定,确定一组具体帖子主题和一组不具体帖子主题作为实验材料。

(4) 测量工具

旁观者人数的操纵检验、控制变量(如帖子主题与个体生活贴近程度、紧急程度、个体对帖子主题的感兴趣程度等)以及知识分享行为的测量同研究二。

(5) 研究过程

本研究在帖子内容页面中将帖子主题分为两种:具体的主题和不具体的主题,以实现操纵帖子主题的具体程度,除了实验中采用的帖子主题不同外,其余均与研究二相同。

(6) 统计分析方法

依据研究目的和假设,采用 SPSS 13.0 对数据进行描述性统计分析、F 检验和简单效应分析。

3. 结果

(1) 操纵条件的有效性检验

我们预测分配到不同组的被试对帖子主题贴近生活程度、紧急程度、重要程度、感兴趣程度的评价没有差异,对帖子主题具体程度的评价差异显著。单因素 t 检验的结果支持了我们的预期,分配到具体套题组中的被试对帖子主题具体程度的评价显著高于分配到不具体套题组的被试,$t(134)=2.45, p<0.05, g=0.31$;对帖子主题贴近生活的程度、紧急程度、重要程度、感兴趣程度的评价差异不显著,$t \leqslant 1.36, p>0.05$(详见表 3.11)。这一结果说明个体对具体套题组帖子主题具体程度的感知显著高于不具体组套题,实验操纵是有效的。

表 3.11 被试对不同紧急程度帖子主题的评价

	帖子主题分组	M	SD	t
具体程度	具体	3.65	0.71	2.45*
	不具体	3.32	0.77	
熟悉程度	具体	3.26	1.08	0.36
	不具体	3.18	1.28	
重要程度	具体	4.07	0.72	1.36
	不具体	3.91	0.58	
紧急程度	具体	4.02	0.79	1.02
	不具体	3.88	0.67	
感兴趣程度	具体	3.19	0.82	−0.76
	不具体	3.30	0.76	

(2) 不同实验条件下个体的知识分享数量的描述性统计和方差分析

为揭示旁观者人数和帖子描述具体程度对个体知识分享行为的影响,本研究统计了不同旁观者人数和不同具体程度条件下个体的知识分享行为数量(见表 3.12)。

表 3.12　不同实验条件下个体的知识分享行为平均数和标准差

帖子主题	1 人	54 人
具体	4.31±0.89	4.43±1.19
不具体	4.11±0.85	3.23±1.35

对数据进行完全随机方差分析,帖子主题具体程度主效应显著,$F(1,131)=13.89, p<0.01, \eta_p^2=0.096$;旁观者人数主效应显著,$F(1,131)=4.07, p<0.05, \eta_p^2=0.030$;帖子主题具体程度与旁观者人数的交互作用显著 $F(1,131)=7.05, p<0.01, \eta_p^2=0.051$。简单效应分析表明,在帖子主题描述比较具体的条件下,不同旁观者人数条件下个体的知识分享数量差异不显著,$F(1,1)=0.38, p=0.54$;在帖子主题描述不具体时,只有 1 个旁观者条件下的个体知识分享数量显著高于有 54 个旁观者时,$F(1,1)=4.37, p<0.01$(详见图 3.7)。这一结果支持了本研究提出的假设,旁观者人数个体的知识分享行为受帖子主题具体程度的影响。具体表现为,当帖子主题描述比较具体时,个体的知识分享行为不受旁观者人数的影响。

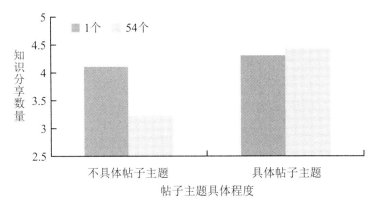

图 3.7　不同具体程度帖子主题和旁观者人数条件下个体的知识分享数量

4. 讨论

子研究二的结果表明,帖子主题的具体程度会影响旁观者人数与个体知识分享行为之间的关系,在帖子主题比较具体的情况下,旁观者人数的增加并不会降低个体的知识分享数量。这一结果揭示了知识求助者如果详细、具体地论述他/她所遇到的问题以及需要哪些方面的帮助可以使得个体在较多旁观者条件下做出更多的(而不是更少的)知识分享行为。分配到不具体套题组个体的知识分享行为中还是存在着旁观者效应,而分配到具体套题组的个体其知识分享行为不受旁观者人数的影响,这一结果为本研究假设提供了实证支持。

当帖子主题的描述比较具体时,个体的知识分享行为不会因为旁观者人数的增加而降低,这主要是因为描述比较具体的帖子主题提供了充足的线索帮助个体了解知识求助者的需求,不需要过多地依赖其他旁观者的反应来做出决策,因而更少受到其他旁观者的影响,更可能与知识求助者分享知识。总之,子研究二的结果证实详细描述所需要求助的问题对虚拟社区中的知识求助者获得他人的知识分享具有重要作用。

5. 小结

通过比较不同具体程度的帖子主题以及旁观者人数条件下个体在虚拟社区知识分享数量,本研究发现,帖子主题的具体程度在旁观者人数与个体知识分享行为之间起调节作用,具体表现为:

(1)在帖子主题不具体的条件下,旁观者人数较多(54个)时,个体的知识分享数量显著低于旁观者人数较少(1个)时,证实虚拟社区知识分享中存在着旁观者效应;

(2)在帖子主题比较具体的条件下,1个和54个旁观者人数时个体的知识分享数量差异不显著,说明此时虚拟社区知识分享中的旁观者效应发生了改变。

(三)知识求助者与旁观者之间关系的调节效应

1. 研究目的和假设

子研究三的目的是考察虚拟社区中知识求助者(发帖人)与旁观者(被试)之间的关系对旁观者人数与知识分享行为之间关系的作用,即当知识求助者与旁观者同属于一个群体(如同学校、同专业)时,其他旁观者对旁观者(被试)知识分享行为的消极影响是否会降低。以往有关虚拟社区知识分享影响因素的研究表明,影响个体知识分享行为的环境因素包括客观环境因素(如旁观者人数、社区帖子主题的重要程度等)和人际环境因素(如社会联结、同伴影响、线下互动等)(例如,Liao et al.,2012;Voelpel et al.,2008;Ye et al.,2013;Zhou et al.,2014)。子研究一和子研究二考察了帖子主题的重要程度以及紧急程度这两个事件相关变量对旁观者人数与个体虚拟社区知识分享数量之间关系的影响。下面两个研究主要从群体关系变量,即知识求助者之间的关系以及旁观者与旁观者之间的关系这两个方面探讨虚拟社区知识分享中的旁观者效应是怎么发生变化的。

以往有关虚拟社区知识分享的研究结果表明,当个体在虚拟社区中的社会联结越强,即与虚拟社区中其他成员之间的联系比较紧密时,其更愿意参与知识分享,也更有可能做出知识分享行为(Tamjidyamcholo et al., 2014)。旁观者与知识求助者之间的关系可以看作个体在虚拟社区中社会联结强弱的一项重要指标,由此可以推论旁观者与知识求助者之间存在朋友关系时,旁观者更有可能进行知识分享。此外,社会分类理论提出,群体行为中的去个人化会使个体将群体成员的需要、目标和动机看成是自己的需要、目标和动机,这使得个体认为自己与内群体成员拥有一样的需要、目标、动机(Levin, 2002),从而更愿意做出符合群体成员需要的行为。因此,如果旁观者将知识求助者视为群体中的一员,其更容易与知识求助者分享自己的知识。第三,Dovidio、Piliavin、Gaertner、Schroder 和 Clark(1991)提出唤醒:代价-奖励模型中的"共我性"(weness)概念,用于描述个体将他人看作自己所属群体中的一员的现象。将他人归为内群体成员会促进认同感的形成。这种认同感会提高个体对他人与自我相似性的评价,个体也会更加关心他人的利益。自我与他人相似性评估的提高以及对他人利益的关心能降低个体对行为所需要花费代价的评估,同时提升了行为,带来奖励,这最终提高了个体做出相应行为的概率。旁观者与求助者之间的关系对个体行为决策的影响已经得到了一定的实证证据支持(Bastiaensens et al., 2015; Levine et al., 2005)。而旁观者与知识求助者之间的关系是否同样会影响个体的虚拟社区知识分享行为呢?为了解决这一问题,本研究通过设置帖子主题提问人的学校信息操纵旁观者与知识求助者之间的关系,以探讨旁观者与知识求助者之间的关系对旁观者人数与个体的虚拟社区知识分享行为二者关系的影响。

综上,本研究假设,旁观者与知识求助者之间的关系(来自同一学校 vs. 来自不同学校)在旁观者人数和知识分享数量之间起调节作用。具体来说:当知识求助者与个体同属于一个群体(如来自同一学校)时,个体的知识分享数量不受其他旁观者人数的影响,即使在旁观者人数较多的情况下,个体也会更倾向于进行知识分享。

2. 研究方法

(1) 被试

采用随机整群抽样法,抽取安徽大学大二的学生 156 名,邀请他们来实验室完成实验,共有 127 名学生参与了实验研究,其中 6 名被试由于未注意到虚拟社区中的当前在线人数(即旁观者人数),他们的数据没有进行下一步分析。

121 名有效被试中,女生 58 名,年龄范围为 18—21 岁,平均年龄为 19.48($SD=0.81$)。被试被随机分配到 1 人或 54 人这两种不同的旁观者人数条件下,每种条件下的被试样本量分别为 69 人和 52 人。

(2) 研究设计

采用 2(旁观者人数:1 人 vs. 54 人)×2(知识求助者与旁观者之间的关系:来自同一学校 vs. 来自不同学校)的混合实验设计。因变量为被试的知识分享数量,控制变量包括帖子主题紧急程度、具体程度以及个体对帖子主题的感兴趣程度和熟悉程度等。

(3) 研究材料

实验材料采用预研究中选定的帖子主题,共选择 6 个帖子主题,其中 3 个帖子主题的知识求助者设置为与被试属于同一学校(安徽大学),另外 3 个帖子主题的知识求助者设置为与被试属于不同的学校(合肥工业大学)。

(4) 测量工具

旁观者人数的操纵检验、控制变量(如帖子主题的紧急程度、具体程度、个体对帖子主题的感兴趣程度、熟悉程度)以及知识分享行为的测量同研究二。

(5) 研究过程

本研究在帖子内容页面中除了呈现帖子主题外,还呈现了知识求助者的学校信息,被试的学校与知识求助者的学校信息匹配(在本研究中均为安徽大学),为同一学校条件;被试的学校与知识求助者的学校信息不匹配(在本研究中为安徽大学 vs. 合肥工业大学),则为不同学校条件。除了实验中采用的帖子主题不同以及呈现了知识求助者的具体信息外,本研究其余均与研究二相同。

(6) 统计分析方法

依据研究目的和假设,采用 SPSS 13.0 对数据进行描述性统计分析、F 检验和简单效应分析。

3. 结果

为揭示旁观者人数和个体与知识求助者之间的关系对个体知识分享行为的影响,统计了不同旁观者和来自不同学校的知识求助者条件下个体的知识分享行为数量(见表 3.13)。

表 3.13　不同旁观者人数和知识求助者条件下个体的知识分享行为平均数和标准差

知识求助者来源	1 人	54 人
同一学校	2.43±0.93	2.44±0.80
不同学校	2.31±0.93	2.01±1.07

对数据进行重复测量方差分析,被试与知识求助者之间关系的主效应显著,$F(1,114)=7.07$,$p<0.01$,$\eta^2=0.058$;旁观者人数主效应不显著,$F(1,114)=0.95$,$p=0.33$;被试与知识求助者之间的关系与旁观者人数的交互作用显著,$F(1,114)=5.01$,$p<0.01$,$\eta_p^2=0.027$。简单效应分析表明,当被试与知识求助者来自同一学校时,不同旁观者人数条件下个体的知识分享数量差异不显著,$F(1,1)=0.06$,$p=0.81$;当被试与知识求助者来自不同的学校时,只有 1 个旁观者时,个体的知识分享数量显著高于有 54 个旁观者时,$F(1,1)=4.55$,$p<0.05$(详见图 3.8)。这一结果支持了本研究提出的假设,旁观者人数个体的知识分享行为受到旁观者与知识求助者之间关系的影响。具体表现为:当旁观者与知识求助者属于同一个群体成员时,个体的知识分享行为不受旁观者人数的影响。

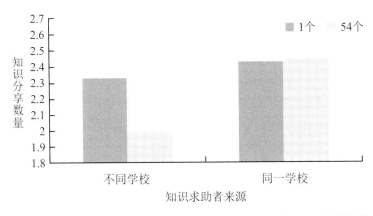

图 3.8　不同来源知识求助者和旁观者人数条件下个体的知识分享数量

4. 讨论

上述结果支持了我们的假设:当旁观者与知识求助者属于不同的群体时,旁观者人数越多,个体知识分享的数量越少,可以说,旁观者人数规模抑制了个体的知识分享行为。但是,当旁观者与知识求助者来自同一学校,属于同一个群体时,个体的知识分享数量则不会随着旁观者人数的增加而降低。这一结果与传统的旁观者效应的预期并不相同。但它与 Dovidio 等(1991)提出的唤醒:代价—奖励模型的预期一致,该模型认为当个体将他人知觉为内群体成员时,做出帮助他人的行为需要花费的代价会降低,获得的奖励会提高,因而个体更容易做出行为(如知识分享)。这一结果也验证了社会分类理论的假设,即当个体将他人归类为内群体成员时,会将其他成员的需要与自己的需要等同起来,相应地提高了自己的行为概率。

当旁观者与知识求助者来自同一学校时,其知识分享数量不会因为旁观者人数的增加而降低,一方面是由于内群体成员之间有着非常重要的互助规范,而当知识求助者来自外群体时,这种互助规范则会受到其他情境因素(如旁观者人数)的影响。另一方面与自我-他人重叠性有关。自我-他人重叠是指在交往过程中,个体接受、理解他人的观点、资源的程度,从而出现自我表征和他人表征重叠的现象,认为"你中有我,我中有你"(钟毅平 等,2015)。钟毅平等(2015)研究表明,自我-他人重叠程度越高,个体越愿意帮助他人。个体感知到的与来自内群体成员的自我-他人重叠程度要明显高于与外群体成员的自我-他人重叠,因而更倾向于与内群体成员分享知识。总之,子研究三的研究结果证实了旁观者人数以及旁观者和知识求助者之间的关系对个体虚拟社区知识分享行为的重要作用。

5. 小结

通过比较不同旁观者与知识求助者之间的关系(陌生 vs. 校友)以及不同旁观者人数(1 个 vs. 54 个)条件下个体在虚拟社区知识分享数量,本研究发现,旁观者与知识求助者的关系在旁观者人数与个体知识分享行为之间起调节作用,具体表现为:

(1) 当旁观者与知识求助者之间是陌生人关系时,旁观者人数较多(54 个)的条件下个体的知识分享数量显著低于旁观者人数较少(1 个)的条件下,这一结果验证了虚拟社区知识分享中存在着旁观者效应;

(2) 当旁观者与知识求助者之间是校友关系时,1 个和 54 个旁观者人数条件下个体的知识分享数量差异不显著,说明在旁观者与知识求助者认识的情况下,虚拟社区知识分享中的旁观者效应发生了改变。

(四) 旁观者与旁观者之间关系的调节效应

1. 研究目的和假设

子研究四的目的是考察虚拟社区中旁观者之间的关系对旁观者人数与知识分享行为之间关系的作用,即当旁观者之间互相认识(如存在同学、朋友关系)时,旁观者人数对个体知识分享行为的消极影响是否会降低。有关旁观者效应的研究非常多,而少有研究考察如何改变旁观者效应。例如,尽管很早

Darle和Latane(1968)的研究就发现相较于一群陌生的旁观者,当旁观者之间存在朋友关系时,他们更有可能采取行动。之所以会出现这个结果说明不仅仅旁观者人数会影响个体的行为决策,旁观者之间的关系也会有影响。这一结果表明只有旁观者之间是陌生人时,最有可能发生旁观者效应。Bastiaensens等(2014)关于网络欺凌行为的研究也发现了同样的结果,相较于与熟人共同目睹网络欺凌事件发生,与好朋友共同目睹网络欺凌事件发生时,个体更容易做出与好朋友行为一致的行为:帮助受欺凌者或者加入欺凌者的行列。尽管这一研究并没有关注旁观者人数的作用,但它为揭示旁观者之间的关系对个体行为的影响提供了一定的支持。旁观者与旁观者之间的关系之所以会影响旁观者效应的发生,可能是由于相比较于熟悉的旁观者,陌生的旁观者互相并不熟悉,缺乏共同认知,从而更有可能出现旁观者效应(Rutkowski et al., 1983)。

在社会心理学中,有关自我概念的研究更是为上述假设提供了支持。例如,Cialdini及其同事(1997)指出个体的自我概念不仅取决于个体自身,还取决于个体与重要他人的关系。他们将个体自我概念中自我-他人重叠的现象称之为"一体性"(oneness)。研究发现,自我-他人体性直接影响个体的助人行为(Cialdini et al., 1997)。Dovidio等(1991)提出的唤醒:代价-奖励模型中用"共我性"这一概念描述将他人归类到个体自身所属群体中的现象,并指出将他人归为内群体成员能有效地提升个体做出亲社会行为的概率。

"一体性"和"共我性"这两个概念均强调在旁观者效应的研究中加入群体因素。在此基础上,Levine及其同事使用社会认同理论进行了一系列研究去理解个体的旁观者行为(Levine, 1999; Levine et al., 2002; Levine et al., 2008)。这些研究发现,当旁观者认为其他旁观者是内群体成员时,其他旁观者对其行为的影响远远大于外群体成员(Levine et al., 2008)。

基于上述研究,我们有理由认为旁观者人数之所以会影响个体行为是由于旁观者之间缺乏群体联结(如群体规范、集体荣誉感等)。如果旁观者之间存在群体联结,那群体规模对个体行为决策的影响可能会比较小。这一假设在虚拟社区知识分享中是否同样成立呢?这一问题并没有得到回答。子研究三的结果证实旁观者与知识求助者之间的关系会影响旁观者人数与个体知识分享数量之间的关系。本研究拟从旁观者之间的关系出发,验证旁观者效应中群体关系变量的作用。研究假设:旁观者之间的关系会缓解其他旁观者的存在对个体知识分享行为的影响。具体来说,相较于陌生的旁观者,当旁观者之间存在同学关系时,个体的知识分享数量不受旁观者人数的影响。

2. 研究方法

（1）被试

在学校范围内通过线下和线上两种方式发布实验广告，邀请至少具有3个月虚拟社区使用经验的在校学生来实验室完成实验。共有76名被试完成了实验，其中3名被试由于未注意到虚拟社区中的当前在线人数（即旁观者人数），他们的数据没有进行进一步分析。这一批被试随机分配到1人和54人这两种不同的旁观者条件下，两种实验条件下的样本量分别为37人和36人。另外采取整群抽样的方法，邀请安徽大学大三的一个班级的学生（44名）同时来参加实验，共有42名同学完成了实验，其中8名被试由于未注意到虚拟社区中的当前在线人数，他们的数据没有进行进一步分析。

本研究共有107名有效被试，其中，90名是女生；大一学生22名，大二学生31名，大三学生38名，大四学生及研究生共8名，年龄范围为17—24岁，平均年龄为19.73（$SD=1.37$）。三种旁观者人数条件（1人、54人以及同班同学43人）下的样本量分别为37人、36人和34人。

（2）研究设计

采用单因素（旁观者人数条件：人数较少1人 vs. 人数较多、陌生人关系54人 vs. 人数较多、同班同学关系43人）被试间设计。因变量为被试的知识分享数量，控制变量包括帖子主题的紧急程度、具体程度以及个体对帖子主题的感兴趣程度和熟悉程度等。

（3）研究材料

采用预研究中确定的实验材料，选择不重要套题组中的5个帖子主题作为实验材料。

（4）测量工具

旁观者人数的操纵检验、控制变量（如帖子主题紧急程度、具体程度、个体对帖子主题的感兴趣程度、熟悉程度）以及知识分享行为的测量同研究二。

（5）研究过程

由于本研究的特殊性：需要操纵旁观者之间的关系，随机邀请被试难以实现这一操纵，因此本研究除了采用广告随机招募被试（旁观者之间为陌生人关系）外，还采用整群抽取被试法邀请整个班级的学生（旁观者之间互相认识，存在同学关系）来参加实验。这一班级学生的旁观者就是自己的同班同学，旁观者人数为班级人数减去1（在本研究中，选定的班级人数为44人，则旁观者人数为43人）；当旁观者之间是陌生人关系时，被试则被随机分配到1人或54人的旁观者实验条件中。

(6) 统计分析方法

依据研究目的和假设,采用 SPSS 13.0 对数据进行描述性统计分析和方差分析。

3. 结果

为揭示当旁观者之间互相认识时旁观者人数对个体知识分享行为的影响,本研究统计了不同旁观者条件(旁观者人数较少 vs. 较多的、陌生的旁观者 vs. 较多的、互相认识的旁观者)下个体的知识分享行为数量(详见表 3.14)。

表 3.14 不同旁观者人数条件下各变量的描述性统计

	旁观者条件	N	M	SD	F
知识分享数量	1 人	37	3.46	1.22	
	54 人(陌生)	36	2.75	1.53	7.99**
	43 人(同学)	34	4.06	1.34	
贴近程度	1 人	37	3.38	0.71	
	54 人(陌生)	36	3.41	0.62	0.52
	43 人(同学)	34	3.24	0.82	
具体程度	1 人	37	3.50	0.71	
	54 人(陌生)	36	3.35	0.62	0.27
	43 人(同学)	34	3.24	0.83	
紧急程度	1 人	37	4.07	0.79	
	54 人(陌生)	36	3.93	0.59	0.51
	43 人(同学)	34	3.90	0.68	
感兴趣程度	1 人	37	2.98	0.70	
	54 人(陌生)	36	2.94	0.65	0.28
	43 人(同学)	34	2.85	0.81	

对数据进行单因素方差分析,在不同的旁观者人数条件下,个体的知识分享数量差异显著,$F(2,104)=7.99$,$p<0.01$,$\eta=0.29$。事后检验发现,在 1 个旁观者和 43 个同班同学旁观者条件下,个体的知识分享数量显著高于 54 个旁观者条件下。1 个旁观者和 43 个同班同学旁观者条件下,个体的知识分享数量差异不显著。这一结果支持了本研究提出的假设,旁观者人数和个体的知识分享行为之间的关系受到旁观者之间关系的影响。具体表现为:当旁观者

之间互相认识(如存在同学关系)时,个体的知识分享行为不会随着旁观者人数的增加而减少。此外,不同旁观者条件下被试对帖子主题相关内容的评定差异均不显著,$F(2,99) \leqslant 0.52$,说明在不同旁观者条件下,个体的知识分享数量确实是由旁观者人数以及旁观者之间的不同关系引起的,而不是其他原因。

4. 讨论

本研究结果支持了我们的假设:当旁观者之间是陌生人关系时,旁观者人数越多,个体知识分享的数量越少,旁观者人数规模抑制了个体的行为。但是,当旁观者之间存在同学关系时,个体的知识分享数量并不因旁观者人数的增加而降低。这一结果很难用传统的旁观者效应理论去解释。但它与 Rutkowski 等(1983)提出的朋友群体之间联系更紧密,被试更有可能因为同伴旁观者的存在而做出知识分享行为的研究结果相符。这一研究结果与 Levine 和 Crowther (2008)的研究结果也是相符的。

子研究四的结果再一次证实了旁观者人数和社会分类对个体虚拟社区知识分享行为的重要影响。当旁观者与旁观者之间属于同一个群体(如同班同学)时,即使是在同班同学虚拟存在的条件下,个体的知识分享数量与只有 1 个旁观者时一样显著高于旁观者之间是陌生人的情况。这一结果证实,在一定的条件下,增加旁观者人数反而有助于促进个体的虚拟社区知识分享行为。在较多旁观者人数条件下,旁观者之间属于同一群体时是促进个体做出更多知识分享行为的重要原因。增加内群体成员旁观者数量可以有效提升个体感知到的群体内聚力,因而更容易做出与他人分享知识的决策。

5. 小结

通过操纵多人旁观者条件下旁观者之间的关系(陌生人 vs. 同班同学),考察旁观者人数以及旁观者不同关系条件下(1 人 vs. 54 个陌生人 vs. 43 个同班同学)个体在虚拟社区知识分享的数量,本研究发现,旁观者之间的关系在旁观者人数与个体知识分享行为之间起调节作用,具体表现为:在旁观者之间存在同学关系时,个体的知识分享行为不会随着旁观者人数的增加而减少。这一结果证实操纵旁观者之间的关系可以有效改变虚拟社区知识分享中的旁观者效应。

五、网络真实数据分析

（一）研究目的和假设

考察真实虚拟社区环境中，旁观者人数对个体知识分享行为的影响，为研究一至研究三的结果提供实证支持。研究假设：在真实的虚拟社区情境中，旁观者人数越多，从发帖到获得知识分享之间的时间间隔越长。具体表现为：帖子浏览人数越多，第一个回复出现的时间越晚。

（二）研究方法

1. 研究对象

小木虫论坛创建于 2001 年，是目前国内具有一定影响力的、以信息和知识交流为主的学术论坛之一，注册会员超过 369 万，日访问流量将近 200 万，截至 2015 年 2 月底，论坛中已发布了 737 万多篇帖子。小木虫论坛中频繁的知识分享活动为研究虚拟社区知识分享提供了绝佳的土壤，先前已有多位研究者以小木虫论文为研究对象，考察了虚拟社区知识分享的影响因素。基于此，本研究以小木虫论坛为研究对象，挖掘与研究目的相关的数据。

2. 数据挖掘提纲

本研究主要是为了验证情境实验的研究结果，即在旁观者人数较多的条件下，个体表现出知识分享行为的概率越低。结合本研究的主要研究目的以及虚拟社区的实际情况，借鉴 Obermaier(2014)等人的研究，本研究将第一个回复出现时帖子主题的浏览人数作为旁观者人数的测量指标，浏览人数越多，表明旁观者人数越多；另外，借鉴 Markey(2000)的研究，本研究采用帖子主题得到第一个回复的时间减去帖子主题发表时间的时间间隔作为虚拟社区知识分享行为的测量指标，时间间隔越长表示个体知识分享行为的概率越低。采用第一个回帖出现时的浏览人数和回帖时间间隔这两个指标分别作为旁观者人数和虚拟社区知识分享行为的测量指标，可以有效地控制回帖人之间的互动以及互相影响这一混淆变量的作用。

综上，本研究中挖掘的数据主要有：帖子主题发表的时间，帖子主题第一个回复出现的时间，第一个回复出现时帖子主题的浏览人数，发帖人和回帖人的用户名、性别、专业、回帖内容等。另外，由于本研究的特殊性（需要准确地抓取帖子主题第一个回复出现时帖子的浏览人数），数据挖掘采取的是新帖监控法，即每当论坛里出现一个新的帖子，系统就对其进行自动追踪直至该帖子第一个回复出现为止,并记录所需的目标数据。

3. 挖掘过程

作为一个专业的学术论坛,小木虫论坛中某些版块如化学化工区、材料区的内容过于专业,这些版块里的帖子大多数需要用户具有较强的专业知识背景才能回答,与本研究的目标帖子主题(即90%以上的本科生可能遭遇的事件,本科生比较熟悉的事件)不相符,因此并未挖掘这些版块的数据。此外,本研究只记录新帖,为了在较短时间内获取大量数据,每日新帖数量比较大的版块更符合本研究目的。因此,在对小木虫论坛不同版块的每日新帖数量进行统计的基础上,本研究最终选取了"硕博家园""考研版块""考博版块""找工作""公派出国""青年基金""论文投稿"和"休闲灌水"这8个版块的数据。

数据挖掘从2016年1月1日开始到2016年1月21日截止,持续三周,共记录2582条数据,其中268条帖子主题的第一个回复为发帖人自己,这部分数据没有进入下一步分析,最终获得有效数据2314条。采用SPSS 13.0对这些数据进行进一步分析处理。

4. 数据预处理

由两名硕士研究生分别评估挖掘到的帖子主题的详细程度和紧急程度,相关分析结果表明两位评定者评定的帖子主题具体程度($r=0.187, p<0.001$)和紧急程度($r=0.311, p<0.001$)相关显著,因此,将两位评定者评分的均值作为帖子主题详细程度、紧急程度的最终评价。

(三) 结果

1. 描述性统计结果

各研究变量的描述性统计结果见表3.15。

表 3.15 各描述变量的描述性统计分析

变量	最小值	最大值	平均值	标准差
第一个回复出现的时间间隔(单位:s)	4	8494	1484.83	1261.30
第一个回复出现时的浏览人数(旁观者人数)	1	334	24.76	28.07
帖子主题的具体程度	1	5	2.59	0.77
帖子主题的紧急程度	1	5	2.04	0.72

2. 旁观者人数与虚拟社区知识分享行为之间的关系

研究一的研究表明,旁观者人数与个体虚拟社区知识分享行为之间的关系模式为非线性关系,本研究中旁观者人数(第一个回帖时的浏览人数)与个体知识分享行为(回帖时间间隔,单位:s)之间关系的散点图分析同样表明,旁观者人数与知识分享时间间隔之间的关系模式为非线性关系(详见图3.9)。

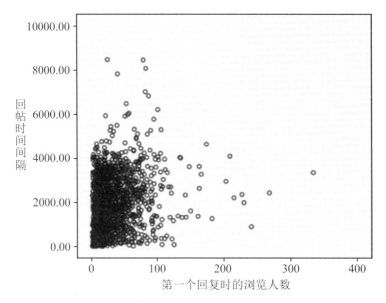

图3.9　旁观者人数与知识分享行为之间关系的散点图

基于此,本研究进行了曲线估计,并根据拟合优度(R^2)的结果判定哪一个曲线模型能更好地拟合旁观者人数与个体知识分享的时间间隔之间的关系。不同曲线模型的拟合优度 R^2 如表3.16所示。

表3.16　不同曲线模型的拟合优度 R^2

模型名称	R^2	模型名称	R^2
直线(Linear)	0.13	S曲线(S)	0.24
二次曲线(Quadratic)	0.18	指数曲线(Exponential)	0.12
复合曲线(Compound)	0.12	逆函数(Inverse)	0.14
生长曲线(Growth)	0.12	幂函数(Power)	0.26
对数曲线(Logarithmic)	0.21	逻辑函数(Logistic)	0.12
三次曲线(Cubic)	0.20	—	—

由表3.16可知,从拟合优度来看,幂函数(Power)的效果最好(拟合优度最大),并且方差分析的显著性水平为0,因此接下来选择用幂函数模型分析旁观者人数与个体知识分享的时间间隔之间的关系。

旁观者人数与个体知识分享行为的幂指数模型拟合效果见表3.17。

表3.17 旁观者人数与个体知识分享行为的幂指数模型

变量	R^2	F	β	t	$b1$（幂指数）
旁观者人数（第一个回复时的浏览人数）	0.26	813.88**	0.51	28.53**	0.69

由表3.17可知，第一个回复时的浏览人数可以显著预测第一个回帖出现的时间间隔，这一结果证实虚拟社区知识分享中存在着旁观者效应，而且旁观者人数与虚拟社区知识分享行为之间的关系为非线性关系（详见图3.10）。

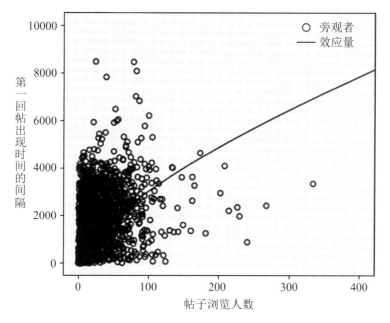

图3.10 旁观者人数与知识分享行为之间幂指数关系

3. 帖子主题具体程度的调节作用分析

为了考察帖子主题具体程度在第一个回复出现时的旁观者人数影响第一个回复出现时间间隔中的调节作用，本研究以第一个回复出现的时间间隔为因变量，将帖子主题具体程度评分高于平均数一个标准差以上的帖子主题作为高具体帖子主题，将帖子主题具体程度评分低于平均数一个标准差以下的帖子主题作为低具体帖子主题，分两组分别进行幂指数函数分析，结果见表3.18和图3.11。

表 3.18　不同具体程度条件下，旁观者人数预测第一个回帖间间隔的幂指数分析

变量	R^2	F	β	t	$b1$（幂指数）
旁观者人数（高具体帖子主题）	0.17	87.33**	0.41	9.34**	0.48
旁观者人数（低具体帖子主题）	0.40	203.78**	0.64	14.28**	1.09

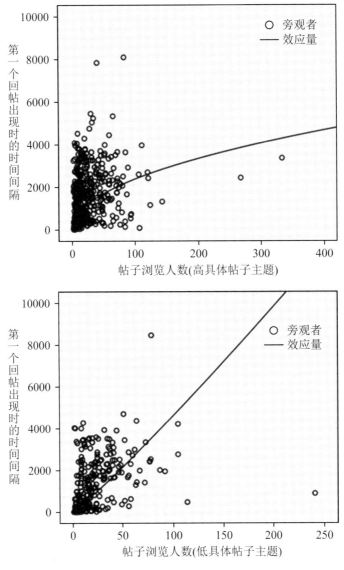

图 3.11　不同具体程度帖子主题下，旁观者人数与知识分享行为之间幂指数关系

由表 3.18 和图 3.11 可知,在帖子主题不够具体、详细的情况下,同样的第一个回复出现时的旁观者人数会使得第一个回复出现得更迟。这一结果说明,发帖求助者比较具体地描述自己遇到的问题能在一定程度上缓解旁观者人数对第一个回复出现的时间间隔的消极影响。

4. 帖子主题紧急程度的调节作用分析

本研究同样以第一个回复出现的时间间隔为因变量,将帖子主题紧急程度评分高于平均数一个标准差以上的帖子主题作为高紧急帖子主题,将帖子主题紧急程度评分低于平均数一个标准差以下的帖子主题作为低紧急帖子主题,分两组分别进行幂指数函数分析,结果见表 3.19 和图 3.12。

表 3.19 不同紧急程度条件下,旁观者人数预测第一回帖间间隔的幂指数分析

变量	R^2	F	β	t	$b1$(幂指数)
旁观者人数(高紧急帖子主题)	0.19	90.85**	0.44	9.53**	0.53
旁观者人数(低紧急帖子主题)	0.42	215.70**	0.65	14.69**	1.05

由表 3.19 和图 3.12 可知,在帖子主题不够紧急的情况下,同样的第一个回复出现时的旁观者人数会使得第一个回复出现得更迟。这一结果说明,发帖求助者说明自己需要得到帖子主题相关回复的迫切程度能在一定程度上缓解旁观者人数对第一个回复出现的时间间隔的消极影响。

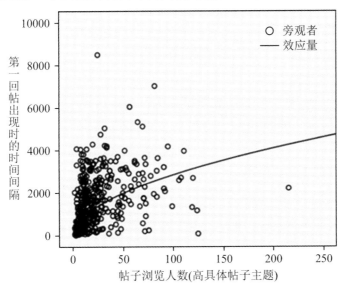

图 3.12 不同紧急程度帖子主题下,旁观者人数与知识分享行为之间幂指数关系

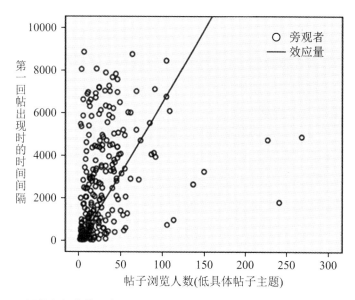

图 3.12 不同紧急程度帖子主题下，旁观者人数与知识分享行为之间幂指数关系（续）

（四）讨论

本研究结果从另一个侧面证实虚拟社区知识分享中存在着旁观者效应：表现为在第一个回复出现时，旁观者人数越多，第一个回复出现的时间越晚。这一结果与 Markey（2000）的研究结果一致。而且，本研究证实旁观者人数与个体虚拟社区知识分享行为之间的关系模式为非线性关系。

此外，本研究发现帖子主题的具体程度能够改善虚拟社区知识分享中存在的旁观者效应，表现为在帖子主题比较具体、详细的条件下，第一个回复出现时的旁观者人数对回复出现时间间隔的消极影响较小。这一结果为研究三中的子研究二提供了支持。

本研究还发现帖子主题的紧急程度在旁观者人数与回帖时间间隔之间起调节作用，与研究三中子研究一的结果一致。说明如果知识求助者在帖子主题中强调其迫切需要得到与帖子主题相关的知识，该帖子主题得到回复的时间间隔受到其他旁观者存在的影响较小。

（五）小结

采用大数据挖掘法，本研究挖掘了真实虚拟社区小木虫论坛中的帖子主题，研究证实：(1) 在虚拟社区知识分享中确实存在旁观者效应；(2) 帖子主题的具体程度能够缓解虚拟社区知识分享中的旁观者效应；(3) 帖子主题的紧急程度同样能够缓解虚拟社区知识分享中的旁观者效应。

第五节 提升在线学习参与度的方法：有效改变虚拟社区知识分享中旁观者效应的策略

旁观者效应是社会心理学中研究最多也是最有影响力的一个概念。几乎所有的社会心理学教材中都少不了旁观者效应的介绍（Manning et al.，2007），而随着网络心理学的展开，研究者们自然而然地开始探讨网络情境中是否同样存在旁观者效应，虚拟社区知识分享中旁观者效应的研究是这一研究领域的重要组成部分。然而，到目前为止，仅有少量研究考察了虚拟社区知识分享中的旁观者效应（Markey，2000）。鉴于当前虚拟社区中可能有高达90%的用户是旁观者（虚拟社区中90%的用户只获取、不分享知识），这种关于旁观者效应研究的缺失是很值得注意的。此外，已有关于虚拟社区知识分享中旁观者效应的研究仅仅说明虚拟社区知识分享中存在着旁观者效应，并未说明虚拟社区知识分享中旁观者效应是怎么发生的，更不要说为改变虚拟社区知识分享中的旁观者效应提供实证支持了。本研究为理解虚拟社区知识分享中的旁观者效应迈出了重要的一步，揭示了虚拟社区中旁观者人数影响个体知识分享行为的作用模式。此外，研究二还揭示了感知到的责任感在旁观者人数和个体虚拟社区知识分享数量之间的中介作用，说明了虚拟社区知识分享中旁观者效应是怎么发生的这一问题。更为重要的是，研究三从事件相关变量和群体关系变量这两个方面出发，通过四个实证研究揭示了帖子主题紧急程度、具体程度、知识求助者之间的关系以及旁观者与旁观者之间的关系对虚拟社区知识分享中存在的旁观者效应的抑制作用，说明了如何改变虚拟社区知识分享中的旁观者效应这一问题。而且，研究四通过真实网络数据，考察真实的虚拟社区——小木虫论坛中旁观者人数与知识分享之间的关系，为实验研究的结果提供支持。接下来我们首先比较了当前研究结果与先前研究的异同；然后说明本研究的理论意义和实践价值；之后探讨了本研究中存在的不足之处；最后在此基础上指明了未来研究的方向。

一、虚拟社区知识分享中的旁观者效应

研究一探讨了虚拟社区中旁观者人数与个体知识分享行为之间的关系及其作用模式,与研究假设一致,数据分析结果表明虚拟存在的他人(如虚拟社区中的当前在线人数)会抑制个体在虚拟社区中的知识分享行为。而且,与社会作用模型的预期一致,个体的知识分享数量与旁观者人数之间的增长并不存在线性关系。这一结果是 Blaire 等(2005)研究结果的进一步拓展,证实虚拟社区知识分享中,旁观者人数与个体的虚拟社区知识分享行为之间存在非线性关系。

研究一的结果发现,在没有其他旁观者存在的条件下,个体的知识分享数量几乎与有 1 个旁观者存在时的情况相同。同样的,在有 14 个旁观者人数存在和有 54 个旁观者存在的条件下,个体的知识分享数量也不存在显著差异。这一研究结果与 Latane(1981)提出的社会影响理论关于旁观者人数与个体行为概率存在线性关系的假设并不相符,与传统的线下研究得出的结论也不相符。线下研究如 Forsyth 等(2002)关于不同旁观者人数(1 人、3 人、5 人或 7 人)条件下个体感知到的责任感差异的研究发现,随着旁观者人数的增加个体感知到的责任感逐渐降低,表现为在有 1 个旁观者存在的条件下,个体感知到的责任感为 51.8%;当旁观者人数增加至 3 人时,这一数值变为 27.6%;在有 5 个旁观者人数条件下,个体感知到的责任感下降到 17.8%;旁观者人数增加到 7 人时,个体感知到的责任感降低至 13.05%。这一结果与社会影响理论的假设相符,即随着旁观者人数的增加,个体感知到的责任感呈逐渐下降的趋势。但是,这与本研究中研究一的结果并不一致。

由前文可知,研究一的结果与 Tanford 和 Penrod(1984)提出的社会作用模型的预期更一致,社会作用模型认为:(1) 两个成员之间的互动与个体一个人单独活动非常相似;(2) 人们很容易受到 3 个或者更多群体成员的影响;(3) 当群体成员超过一定数量后,群体成员对个体行为的影响到达顶峰,出现"天花板效应",表现为群体人数增加,对个体行为的影响却不会相应提升(Forsyth et al., 2002)。这与 Asch(1955)有关从众的研究结果也是相符的。

值得注意的是,线下有关旁观者效应的研究表明,在线下环境中,每增加一个旁观者,个体的行为概率就会出现一定的下降。因此,研究一中发现的没有其他旁观者和有 1 个旁观者存在时,个体的虚拟社区知识分享数量没有发生变

化与先前线下研究的结果是不相符的。未来研究需要就这一结果进行深入考察。虚拟社区与传统线下个体之间交往方式的不同可能是影响这一结果的重要原因。一方面,与线下相比,在虚拟社区中,不同旁观者人数条件下的个体可能会怀疑当前其他在线人员是否注意到知识求助者发布的帖子主题,因此可能比线下真实感受到同伴存在的个体更加孤独,更倾向于认为自己是一个人。另一方面,在虚拟社区中不同旁观者人数条件下的个体由于网络传播的广泛性也可能更倾向于认为自己是与一群人在一起的。这两种解释都有可能是在没有旁观者存在和有1个旁观者存在的条件下个体知识分享数量没有区别的原因,也是线上与线下研究结果不同的原因。

尽管线下研究表明,旁观者人数是通过影响个体感知到的责任感和评价担忧进而影响个体的行为的,由于线上和线下个体交往方式的不同,还是有必要在虚拟社区知识分享中考察旁观者效应是否同样是由感知到的责任感和评价担忧引起的。讨论的第二个部分重点探讨了感知到的责任感和评价担忧在旁观者人数和个体虚拟社区知识分享行为之间的中介作用。

此外,Lewis等(2004)考察旁观者人数对个体邮件应答行为影响时,同样设置了0个、1个、14个和49个旁观者人数条件,结果发现不同旁观者人数条件下,被试的邮件应答行为差异不显著。他们指出,可能由于其因变量(要求收件人完成问卷)自身就暗含着不可能只发给一个人的信息,使得被试未发现旁观者效应。这些不一致的研究结果说明帖子主题自身的特征有可能会调节旁观者人数与知识分享行为之间的关系。讨论的第三个部分主要探讨了帖子主题相关因素以及与知识求助者、旁观者相关的因素在旁观者人数和个体虚拟社区知识分享行为关系间的调节作用。

最后,Voelpel(2008)等研究也发现旁观者人数与个体知识分享行为概率之间存在非线性关系,但是该研究结果与本研究结果并不完全一致。本研究发现,当旁观者人数超过一定范围后,继续增加旁观者人数不会影响个体的知识分享行为。而Voelpel(2008)等研究发现,在中等人数小组中,个体进行知识分享行为的概率最低,在人数较少、人数较多和人数非常多的小组中,个体的知识分享行为概率显著高于中等人数小组,而这三组之间个体的知识分享概率差异不显著,即在人数较多和人数非常多的小组中,个体的知识分享行为概率也很高。这一不一致可能是由以下三个原因引起的:第一,旁观者人数的设定不一致。借鉴大多数线上旁观者效应的研究,本研究主要设置了0人、1人、14人和54人四种旁观者人数条件,而在Voelpel(2008)等的研究中,99人以下的小组为人数较少小组,100—250人之间的小组为中等人数小组,251—500人之间的小组为人数较多小组,超过500人的小组为人数非常多小组。Voelpel(2008)等研究中不同人数小组的划分过于粗糙,不利于发现旁观者人数与个体知识分享行为之间的关系;比较而言,本研究中的旁观者人数设定较为细致,有助于精确有效地揭示旁观者人数与个体行为之间的关系,此外,网络真实数据结果也为旁观者人数与个体知识分享行为之间的非线性关系提供了实证支持。第二,研究中使用的实验材料不一致。本研究中使用的实验材料是开放性帖子主题,被试可以选择从不同的侧面回答问题;而Voelpel(2008)等的研究中使用的实验材料是有固定答案的帖子主题,回答这类问题相对比较简单,这可能是使得研究结果不一致的一个重要原因。第三,旁观者与旁观者之间关系不一致。研究一中,无论旁观者人数是14人还是54人,旁观者之间是陌生人关系;而在Voelpel(2008)等的研究中采用的是参与式观察法,在这类虚拟社区中虚拟社区成员之间可以互动,所以旁观者之间是相互认识的。而在本研究的研究三子研究四中发现,旁观者与旁观者之间的关系会在旁观者人数与个体的知识分享行为之间起调节作用,第三部分将就这一问题进行讨论。

二、虚拟社区知识分享中的旁观者效应是怎么发生的

(一)感知到的责任感的作用

研究二通过两个研究分别考察了感知到的责任感和评价担忧在旁观者人数和虚拟社区知识分享行为关系间所起的作用。子研究一证实,感知到的责任感在旁观者人数和虚拟社区知识分享行为的关系间起完全中介作用,当个体感知到其有责任帮助知识求助者时,更有可能做出知识分享行为。而旁观者人数是影响个体感知到的责任感的一个重要因素,在旁观者人数较多的情况下,其他人的存在会明显降低个体感知到的责任感,出现责任分散的现象,从而减少了个体的知识分享行为。

(二)评价担忧的作用

子研究二考察了评价担忧在旁观者人数和虚拟社区知识分享行为关系间的作用,结果发现,评价担忧与虚拟社区知识分享中的旁观者效应无关。旁观者人数的存在不会影响个体感知到的评价担忧,评价担忧也不会影响个体的知识分享行为。这一结果可能是由于网络环境的匿名性特点降低了他人的负面评价,对个体的伤害从而使得个体不再担忧来自他人的负面评价,此外虚拟社

区中严禁侮辱他人、使用不文明用语等规定也大大降低了负面评价尤其是恶意的负面评价出现的可能性。未来研究可从这些方面出发,揭示虚拟社区中旁观者人数影响个体知识分享行为的原因。

综上,研究二通过两个研究分别探讨了感知到的责任感和评价担忧在旁观者人数与个体虚拟社区知识分享行为之间的关系,结果发现在虚拟社区中,感知到的责任感在旁观者人数和个体的知识分享行为之间起完全中介作用,而评价担忧与虚拟社区知识分享中存在的旁观者效应无关。大量线下研究证实评价担忧在旁观者人数与个体行为概率之间起中介作用,为什么在虚拟社区知识分享行为中这两个因素的作用差异如此之大?这主要是由这两个因素自身的特点决定的。感知到的责任感的高低直接影响个体由于自己的不作为引发的心理代价,在个体感知到的责任感较低时,不采取行动引发的心理代价较低;相反,在个体感知到较高的责任感时,如果不采取行动则需付出较高的心理代价(Markey,2000;Levine et al.,2002)。从这个角度来说,感知到的责任感是个体自身内部的一种保护机制,避免其自身的不作为行为带来的伤害。这种保护机制的作用不会因为环境的变化(由现实环境到虚拟环境)而发生变化。而评价担忧则不相同,评价担忧更多是对来自他人的负面评价的担忧(Markey,2000;Levine et al.,2002),这一因素较容易受到外部环境变化的影响,这可能是评价担忧在旁观者人数与个体知识分享行为关系之间不起作用的重要原因。

三、虚拟社区知识分享中旁观者效应是怎么发生变化的

研究旁观者效应的一个重要目的在于缓解其他旁观者的存在带来的消极影响,本研究中研究三通过四个子研究分别从情境因素和群体关系因素两个方面考察了旁观者人数与个体虚拟社区知识分享行为关系间的调节变量。四个子研究的结果表明,强调帖子主题的紧急程度、详细具体地描述帖子主题、当旁观者与知识求助者属于同一群体时以及在旁观者与旁观者之间互相认识的条件下,虚拟社区知识分享中的旁观者效应会发生改变。这一研究结果对于理解虚拟社区中的知识分享行为具有重要的理论和实践意义。下面将分别从情境因素和群体关系因素这两个方面讨论上述研究结果。

(一)事件相关变量的调节作用

研究三中的子研究一和子研究二分别通过操纵帖子主题的紧急程度、具体程度考察了情境变量对虚拟社区知识分享中旁观者效应的缓解作用。子研究

一发现当知识求助者迫切需要得到与帖子主题相关的回复时,个体的知识分享行为不受其他旁观者存在的影响。这一研究结果支持唤醒:代价奖励模型(Dovidio et al.,1991),该模型认为个体是否帮助他人取决于做出帮助行为需要付出的代价以及可能获得的利益之间的权衡。当知识求助者迫切需要得到与帖子主题相关的回复时,个体的知识分享行为获得的利益要远远大于知识求助者不怎么迫切需要得到相关知识的条件下,足以抵消其他旁观者存在带来的消极影响。

子研究二的结果证实,当知识求助者详细地论述其所遇到的问题时,个体的知识分享行为受到其他旁观者存在的影响也较小。这是由于在问题情境描述不清晰、不具体时,个体更倾向于从其他旁观者那里获取线索以决定是否做出知识分享行为,因此更有可能受到其他旁观者的影响;在帖子主题描述比较具体、清晰的情况下,个体可以从帖子主题中获取足够的信息判断是否需要做出知识分享行为,因而更少受到其他旁观者存在的影响。此外,帖子主题描述比较清晰、具体的条件下,个体也更容易根据帖子主题中提供的线索从自身的知识网络体系中提取出相应的知识,这可能是在帖子主题描述比较具体的条件下个体更多地做出知识分享行为的另一重要原因。

(二)群体关系变量的调节作用

研究三中的子研究三和子研究四分别从旁观者与知识求助者之间的关系、旁观者与旁观者之间的关系这两个方面考察了群体关系变量对虚拟社区知识分享中旁观者效应的影响。子研究三发现,当旁观者与知识求助者属于同一个群体(如来自同一所学校)时,其知识分享行为不受旁观者人数的影响。这一结果证实了社会群体分类对虚拟社区知识分享中旁观者效应的影响。当个体与知识求助者属于同一个社会群体时,其会更多地进行知识分享。这一研究结果再一次证实了个体更愿意帮助内群体成员这一结论。

子研究四发现,只有在旁观者之间是陌生人关系的条件下,虚拟社区知识分享中才会出现旁观者效应。由此可知,在没有群体水平社会关系规则指导的情况下,其他旁观者对个体行为的影响更加明显。然而,当个体与同班同学一起浏览帖子主题时,参与的班级人数越多,个体越有可能进行知识分享。之所以会出现这样的结果可能是由于同班同学在日常交往过程中形成了团结一致的默契,使得他们在面临他人的知识求助时更愿意帮助他人,以此提升班级形象(Rutkowski et al.,1983)。

综上,本研究从事件相关因素(帖子主题的紧急程度、具体程度)和群体关系因素(旁观者与知识求助者之间的关系、旁观者之间的关系)这两个方面考察了旁观者人数和个体虚拟社区知识分享行为之间的调节变量。研究结果发现,通过操纵帖子主题的紧急程度、具体程度、旁观者和知识求助者之间的关系以及旁观者与旁观者之间的关系能有效地改变虚拟社区知识分享中的旁观者效应。虚拟社区成员可以通过强调自己迫切需要得到与帖子主题相关的回复、详细论述自己遇到的问题、更全面地展示自己的个人信息(如学校、专业、性别信息)等方式降低旁观者人数对他人回复行为的消极影响,增加自己的帖子主题得到回复的概率。虚拟社区管理者可以通过鼓励社区成员之间的互动、促进成员之间朋友关系的建立这一方式降低虚拟社区中旁观者人数对个体行为的不良作用,促进虚拟社区成员的知识分享行为。

四、本研究的理论意义和实践启示

(一)理论意义

从理论角度出发,本研究证实虚拟社区知识分享中同样存在着旁观者效应,并通过比较社会影响理论和社会作用模型的区别,发现旁观者人数与个体知识分享行为之间存在着非线性关系,更符合社会作用模型的预期。此外,旁观者人数通过影响个体感知到的责任感作用于其知识分享行为,评价担忧与旁观者人数、个体知识分享行为无关。最后,改变虚拟社区帖子主题的紧急程度、具体程度、旁观者与知识求助者之间的关系以及旁观者之间的关系能改变虚拟社区知识分享中的旁观者效应。这一结果尤其值得注意,先前虚拟社区知识分享的研究仅仅局限于验证虚拟社区知识分享中是否存在旁观者效应,并未考虑帖子主题、知识求助者的身份以及旁观者之间关系的作用。本研究结果发现帖子主题、知识求助者的身份以及旁观者之间的关系能改变虚拟社区知识分享中的旁观者效应,这一结果为唤醒:代价-奖励模型、社会影响理论以及社会分类理论提供了实证支持。

(二)实践启示

从实践角度出发,本研究对虚拟社区管理者和虚拟社区用户具有重要的启示意义。

对于虚拟社区管理者来说,本研究结果为虚拟社区管理者采取相应的措施降低虚拟社区知识分享中旁观者人数的消极影响,促进虚拟社区成员进行知识分享提供了实证支持。具体来说,第一,调整虚拟社区中帖子主题的展示方式,比如通过不呈现帖子主题的浏览人数（即旁观者人数）的方式，降低个体感知到的旁观者人数，以避免由于较多旁观者人数的存在阻碍个体的知识分享行为的情形；第二，调整帖子主题发布的条例，如要求知识求助者详细说明与问题相关的因素，使得帖子主题的描述更加清晰、具体，以缓解旁观者人数对个体知识分享行为的消极影响；第三，鼓励虚拟社区用户尤其是知识求助者完善自己的个人信息，如学校、专业、性别等，以便建立知识求助者与其他用户之间的联系，改变旁观者人数对个体知识分享行为的消极影响，促进其他用户与知识求助者分享知识；第四，鼓励虚拟社区用户之间互动，建立虚拟社区用户与用户之间的群体关系，从而促使他们更多地进行知识分享。

对于虚拟社区用户来说，本研究结果可用来帮助虚拟社区用户更快、更有效地获得他人分享的知识。具体来说，第一，虚拟社区用户在虚拟社区中求助时，应突出需要得到与帖子主题有关知识的迫切程度以及得到回复的重要作用，以便让其他虚拟社区用户感知到他与分帖人分享知识是有价值的，进而缓解旁观者人数对其他虚拟社区用户可能产生的消极影响，促进其进行知识分享，需要注意的是，在强调帖子主题紧急程度的同时，应及时报告是否已获得帮助，以避免由于过于强调紧急程度而导致的负面影响；第二，在知识求助时，虚拟社区用户应详细地描述自己的问题以及需要的答复，为其他用户提供足够明确的线索，以便其更好地进行知识分享；第三，虚拟社区用户应尽量完善自己的个人信息，同时与虚拟社区中的其他成员建立联系，这样在需要帮助的时候更有可能得到他人的回复。

第四章　结　　语

　　移动互联网络的发展极大地改变了我们的学习、工作和生活方式,它给我们带来了便利,也为知识共享、在线学习提供了可能。互联网技术的发展,为在线学习提供了平台、工具和空间,教育者在平台提供海量的网络学习资源供学习者使用,使得教育、学习突破了时间和空间的限制,大大拓宽了学习接收者的范围,也为促进教育公平提供了更多的可能。本书开篇引用的中国互联网络信息中心数据显示,早在 2019 年 6 月,我国在线教育用户规模就达到了2.32亿,占网民整体的 27.2%。而在 2020 年初爆发的新冠肺炎疫情,对人们的学习、工作和生活产生了极大的冲击,教育部连续发文,全国中小学、高校延迟开学。教育部发出的"停课不停学"的要求,使得在线学习在全国范围内广泛展开。受疫情影响,在线学习被迫成为学生学习的主要方式。数据显示,在 2020 年 3 月,我国在线学习用户人数达到 4.23 亿,占网民整体的 46.8%。也是在此期间,对在线学习的关注由学术界扩展至全社会。无论从学生到家长、从教师到学校管理层,在线学习效果成为社会大众普遍关心的问题。在线学习参与度是衡量在线学习效率的重要指标之一,在线学习参与度直接影响参与者的学习效率、学习结果。基于这一社会背景,一时间,对在线学习参与度的研究成为研究者最为关心的问题,也是最迫切想要得到回答的问题。

　　当前形势下,线上线下混合学习是学校教育发展的重要方向。关注学习者在线学习参与度的问题仍然很有必要。

　　在前期关于虚拟社区知识分享的研究中,研究者采用不同的研究设计和统计分析方法,探讨了虚拟社区知识分享中存在的旁观者效应现象。在此基础上,说明了旁观者人数与个体虚拟社区知识分享行为之间的关系模式,揭示了个体感知到的责任感和评价担忧在旁观者人数和个体虚拟社区知识分享行为关系中的作用,同时进一步探讨了帖子主题的紧急程度、具体程度、旁观者与知识求助者之间的关系以及旁观者之间的关系对旁观者人数与个体虚拟社区知识分享行为关系的影响。该研究主要得出了以下结论(详见图 4.1):

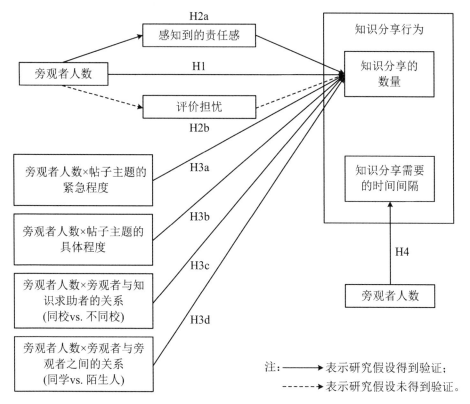

图4.1 本研究的研究结果

1. 旁观者人数与个体虚拟社区知识分享行为之间的关系模式为非线性关系,具体表现为:随着旁观者人数的增加,个体的知识分享数量会减少(当旁观者由1个增加到14个时,个体的知识分享数量显著减少),当旁观者人数增加到一定程度时,个体的知识分享数量保持在一个稳定的水平上,不再继续降低(当旁观者人数由14个增加到54个时,个体的知识分享数量并未出现显著减少)。此外,网络真实数据表明,旁观者人数与知识分享需要的时间间隔之间存在幂函数关系。

2. 感知到的责任感和评价担忧在旁观者人数和个体虚拟社区知识分享行为关系中的作用具体表现为:

(1) 个体感知到的责任感在旁观者人数与个体虚拟社区知识分享行为之间起中介作用,具体表现为:在旁观者人数较多的条件下,个体感知到与他人分享知识的责任感显著降低,知识分享的数量也较少。

(2) 旁观者人数不会影响个体的评价担忧,评价担忧也不会对个体的虚拟社区知识分享行为产生影响。具体表现为:不同旁观者人数条件下,个体的评价担忧水平差异不显著;个体的评价担忧水平与其知识分享数量无关。

3. 旁观者人数和个体虚拟社区知识分享行为关系中的调节变量,具体包括:

(1) 虚拟社区帖子主题的紧急程度在旁观者人数和个体虚拟社区知识分享行为之间起调节作用。具体表现为:在帖子主题不紧急的条件下,虚拟社区知识分享中存在着旁观者效应,即在旁观者人数较多的条件下,个体的知识分享数量明显更少;当帖子主题比较紧急,即知识求助者迫切需要得到与帖子主题有关的回复时,虚拟社区知识分享中的旁观者效应发生了改变,表现为个体的知识分享数量不会受到旁观者人数增加的影响。

(2) 虚拟社区帖子主题的具体程度调节旁观者人数和个体虚拟社区知识分享行为之间的关系。具体表现为:当帖子主题描述不够具体、清晰时,虚拟社区知识分享中存在着旁观者效应;而当帖子主题描述更具体、清晰时,虚拟社区知识分享中的旁观者效应发生了改变,表现为旁观者人数的增加不会引起个体知识分享数量的减少。

(3) 旁观者与知识求助者之间的关系会调节旁观者人数与个体虚拟社区知识分享行为二者之间的关系。具体表现为:当旁观者与知识求助者是陌生人关系时,虚拟社区知识分享中存在着旁观者效应;而当旁观者与知识求助者来自同一所学校时,即旁观者与知识求助者之间存在一定的联系时,虚拟社区知识分享中的旁观者效应发生了改变,表现为即使在旁观者人数较多的条件下,个体的知识分享数量仍保持在较高的水平。

(4) 旁观者之间的关系在旁观者人数和个体虚拟社区知识分享行为之间起调节作用。具体表现为:相较于一群陌生人同时浏览帖子,当同班同学同时浏览帖子时,个体的知识分享数量并不会因为其他同学的存在而降低,这一结果说明旁观者之间的关系会使虚拟社区知识分享中存在的旁观者效应发生变化。

本书的第二章从内涵和影响因素方面对比了在线学习参与度与虚拟社区知识分享之间的共通之处,这些共通之处提醒我们可以将虚拟社区知识分享的研究发现与提升学习者在线学习参与度的研究结合起来,将提升虚拟社区用户知识分享行为可以采取的措施拓展应用至在线学习领域,为在线学习参与度领域研究的开展提供借鉴和支撑。未来关于在线学习参与度的研究和实践,可以将在线学习领域的研究与虚拟社区知识分享领域的研究结合起来,不断深化在线学习参与度的研究,采取有效的措施,切实提升在线学习者的参与度,进而达到提高学习效率的目的,充分发挥在线学习在教育中的作用。

附录　实验帖子主题

	重要帖子主题	不重要帖子主题
1	明天我爸妈来我这里玩,附近有什么人比较少、风景好的旅游地点?求小伙伴推荐。	明天想出去散散心,附近有没有什么人比较少、风景好的旅游地点?求小伙伴推荐。
2	我喜欢上了一个女孩,这是我第一次真正地从心底里喜欢一个人,但是她明天就要离开这个地方了,可能以后就没机会见到她了,好怕就这样错过,我真的很喜欢她,要怎么向她表白比较好呢?急!!!!	我喜欢上了一个女孩,她明天就要离开这个地方了,要怎么向她表白比较好呢?急!!!!
3	和男朋友/女朋友大吵了一架,他/她说要分手,好难过,我不想分手,该怎么挽回?	和男朋友/女朋友闹别扭了,现在后悔了,他/她已经两天没有理我了,怎么让他/她原谅我呢?
4	最近特别焦虑,经常失眠,白天没有精神,整个人浑浑噩噩的,学习也学不下去,再这样下去我要崩溃了,怎么办?	最近特别焦虑,经常失眠,怎么办?
5	要考四级了,怎么在一个月内让英语听力有明显的提高?求大神支招!	怎么在一个月内让英语听力有明显的提高?求大神支招!
	具体帖子主题	不具体帖子主题
1	室友每天都睡得很晚,搞得我天天失眠,都快被逼疯了,怎么跟他说比较好?	室友每天都睡得很晚,怎么跟他说比较好?
2	我和我从小玩到大的好朋友闹矛盾了,很严重,我们可能会绝交,下周他就要出国做交换生了,怎么办怎么办?	跟好朋友闹矛盾了,下周他就要出国做交换生了,怎么办怎么办?
3	最近感觉比较压抑,不想说话,不想和人交流,感觉气都喘不过来了,快要撑不下去了,我该怎么办?	最近感到比较压抑,有没有什么方法可以排解?

续表

	具体帖子主题	不具体帖子主题
4	最近特别焦虑,已经连续失眠一个星期了,白天没有精神,整个人浑浑噩噩的,学习也学不下去,再这样下去我要崩溃怎么办?	最近特别焦虑,已经连续失眠一个星期了,怎么办?
5	要考四级了,怎么在一个月内让英语听力有明显的提高?求大神支招!	怎么让英语听力有明显的提高?求大神支招!

	紧急帖子主题	不紧急帖子主题
1	室友每天都睡得很晚,搞得我天天失眠,要疯了,明天还要早起参加一个会议,怎么跟他说比较好?急急急,在线等!	室友每天都睡得很晚,怎么跟他说比较好?
2	我喜欢上了一个女孩,这是我第一次真正地从心底里喜欢一个人,但是她明天就要离开这个地方了,可能以后就没机会见到她了,好怕就这样错过,我真的很喜欢她,要怎么向她表白比较好呢?急!!!!	我喜欢上了一个女孩,这是我第一次真正地从心底里喜欢一个人,我真的很喜欢她,要怎么向她表白比较好呢?
3	最近特别焦虑,已经连续失眠一个星期了,白天没有精神,整个人浑浑噩噩的,学习也学不下去,再这样下去我要崩溃了,怎么办?	最近特别焦虑,经常失眠,怎么办?
4	我英语听力不好,怎么在一个月内让英语听力有明显的提高?求大神支招!	怎么让英语听力有明显的提高?求大神支招!
5	明天有一场面试,是我比较心仪的一家公司,到时候怎么介绍自己比较好?	找工作面试的时候,怎么介绍自己比较好?

参 考 文 献

蔡剑，詹庆东，2012. 研究生群体网络信息分享行为动机研究[J]. 图书情报知识(2)：81-86.

胡凡迪，张大为，2019. 基于 ISM 的在线学习参与度影响因素模型研究[J]. 软件(12)：153-157.

黄凤，洪建中，2016. 虚拟社区用户知识分享环境影响因素的研究述评[J]. 情报科学，34(4)：169-176.

简菁，2016. 混合学习环境中以学习分析提升大学生自我效能感的研究[D]. 上海：华东师范大学硕士学位论文.

李枫林，周莎莎，2011. 虚拟社区信息分享行为研究[J]. 图书情报工作(20)：48-51.

李金阳，2013. 社会交换理论视角下虚拟社区知识共享行为研究[J]. 情报科学(4)：119-123.

李明辉，2010. 网络环境下学习满意度，知识掌握及使用意愿的影响因素分析[D]. 上海：复旦大学硕士学位论文.

刘蕤，田鹏，王伟军，2012. 中国文化情境下的虚拟社区知识共享影响因素实证研究[J]. 情报科学(6)：866-872.

孙康，杜荣，2010. 实名制虚拟社区知识共享影响因素的实证研究[J]. 情报杂志(4)：83-87,92.

牟智佳，2017. Moocs 学习参与度影响因素的结构关系与效应研究：自我决定理论的视角[J]. 电化教育研究，38(10)：7.

田阳，冯锐，韩庆年，2017. 在线学习社交行为对学习效果影响的实证研究[J]. 电化教育研究，38(3)：7.

王贵，李兴保，2010. 虚拟社区知识共享影响因素调研与分析[J]. 中国电化教育(4)：56-61.

文书锋，孙道金，2017. 远程学习者学习参与度及其提升策略研究：以中国人民大学网络教育为例[J]. 中国电化教育(9)：39-46.

谢耀辉，黄红涛，张晶晶，2020. 网络学历教育学习者在线参与的现状与策略研究[J]. 高等继续教育学报(1)：27-30,59.

徐美凤，2011. 不同学科学术社区知识共享行为影响因素对比分析[J]. 情报杂志，30(11)：134-139.

徐美凤，叶继元，2011. 学术虚拟社区知识共享行为影响因素研究[J]. 情报理论与实践(11)：72-77.

张鼐,周年喜,2012.社会资本和个人动机对虚拟社区知识共享影响的研究[J].情报理论与实践(7):56-60.

赵美玲,陈琦,方嘉文,2020.硕士研究生在线学习适应性调查研究[J].湖北师范大学学报(自然科学版),40(4):6.

赵越岷,李梦俊,陈华平,2010.虚拟社区中消费者信息共享行为影响因素的实证研究[J].管理学报(10):1490-1494+1501.

钟毅平,杨子鹿,范伟,2015.自我—他人重叠对助人行为的影响:观点采择的调节作用[J].心理学报(8):9.

中国互联网信息中心,2015.第35次中国互联网络发展报告[EB/OL].(2015/2/3)[2022-1-17].http://www.cnnic.net.cn/hlwfzyj/hlwxzbg/201502/P020150203551802054676.pdf.

中国互联网信息中心,2016.第37次中国互联网络发展报告[EB/OL].(2016/1/22)[2022-1-17].http://www.cnnic.net.cn/hlwfzyj/hlwxzbg/201601/P020160122469130059846.pdf.

中国互联网信息中心,2014.2014年中国网民搜索行为研究报告[EB/OL].(2014/10/15)[2022-1-17].http://www.cnnic.net.cn/hlwfzyj/hlwxzbg/201410/P020150104459023035664.pdf.

中国互联网信息中心,2021.第48次中国互联网络发展报告[EB/OL].(2021/9/15)[2022-1-17].http://www.cnnic.net.cn/hlwfzyj/hlwxzbg/hlwtjbg/202109/P020210915523670981527.pdf.

中华人民共和国教育部,2017.国务院关于印发国家教育事业发展"十三五"规划的通知[EB/OL].(2017/1/10)[2022-1-17].http://www.moe.gov.cn/jyb_xxgk/moe_1778/201701/t20170119_295319.html.

中华人民共和国教育部,2020.教育部办公厅 工业和信息化部办公厅关于中小学延期开学期间"停课不停学"有关工作安排的通知[EB/OL].(2020/2/12)[2022-1-17].http://www.moe.gov.cn/srcsite/A06/s3321/202002/t20200212_420435.html.

周军杰,左美云,2011.虚拟社区知识共享的动因分析:基于嵌入性理论的分析模型[J].情报理论与实践(9),23-27.

Amichai-Hamburger Y,Vinitzky G,2010. Social network use and personality[J]. Computers in Human Behavior,26(6):1289-1295.

Asch S E,1955. Opinions and social pressure[J]. Scientific American,193(5):31-35.

Astin A W,1984. Student involvement: a development theory for higher education[J]. Journal of College Student Personnel (25):297-308.

Baker C,Taylor S L,2012. The importance of teaching presence in an online course: online student engagement tools and strategies[M]. Faculty Focus Special Report. Ontario: Magna Publication.

Barron G,Yechiam E,2002. Private e-mail requests and the diffusion of responsibility[J]. Computers in Human Behavior,18(5):507-520.

Bastiaensens S,Vandebosch H,Poels K,et al.,2014. Cyberbullying on social network sites: an experimental study into bystanders' behavioural intentions to help the victim or reinforce the bully[J]. Computers in Human Behavior (31): 259-271.

Benson A D, 2002. Using online learning to meet workforce demand: a case study of stakeholder influence[J]. Quarterly Review of Distance Education, 3(4): 443-452.

Blair C A, Foster Thompson L, Wuensch K L, 2005. Electronic helping behavior: the virtual presence of others makes a difference[J]. Basic and Applied Social Psychology, 27(2): 171-178.

Bock G W, Zmud R W, Kim Y G, et al., 2005. Behavioral intention formation in knowledge sharing: examining the roles of extrinsic motivators, social-psychological forces, and organizational climate[J]. Mis Quarterly, 29(1): 87-111.

Bordia P, Irmer B E, Abusah D, 2006. Differences in sharing knowledge interpersonally and via databases: the role of evaluation apprehension and perceived benefits[J]. European Journal of Work and Organizational Psychology, 15(3): 262-280.

Carliner S, 2004. An overview of online learning[EB/OL]. (2006-3-18)[2022-2-27]. https://library.isical.ac.in/cgi-bin/koha/opac-detail.pl?biblionumber=315747.

Chai S, Kim M, 2009. A socio-technical approach to knowledge contribution behavior: an empirical investigation of social networking sites users[J]. International Journal of Information Management, 29(2): 118-126.

Chang H H, Chuang S S, 2011. Social capital and individual motivations on knowledge sharing: participant involvement as a moderator[J]. Information & Management, 48(1): 9-18.

Chen C J, Hung S W, 2010. To give or to receive? factors influencing members' knowledge sharing and community promotion in professional virtual communities[J]. Information & Management, 47(4): 226-236.

Cheung C M, Lee M K, Lee Z W, 2013. Understanding the continuance intention of knowledge sharing in online communities of practice through the post-knowledge-sharing evaluation processes[J]. Journal of the American Society for Information Science and Technology, 64(7): 1357-1374.

Chiu C M, Hsu M H, Wang E T G, 2007. Understanding knowledge sharing in virtual communities: an integration of social capital and social cognitive theories[J]. Decision Support Systems, 42(3): 1872-1888.

Choi J H, Scott J E, 2013. Electronic word of mouth and knowledge sharing on social network sites: a social capital perspective[J]. Journal of Theoretical and Applied Electronic Commerce Research, 8(1), 69-82.

Cialdini R B, Brown S L, Lewis B P, et al., 1997. Reinterpreting the empathy-altruism relationship: when one into one equals oneness[J]. Journal of Personality and Social Psychology (73): 481-494.

Cleveland-Innes M, Ally M, 2004. Affective learning outcomes in workplace training: a test of synchronous vs. asynchronous online learning environments[J]. Canadian Journal of University Continuing Education, 30(1): 15-35.

Conrad D, 2002. Deep in the hearts of learners: insights into the nature of online community[J]. Journal of Distance Education, 17(1), 1-19.

Darley J M, Latane B, 1968. Bystander intervention in emergencies: diffusion of responsibility [J]. Journal of personality and social psychology, 8(4): 377.

Davies J, Graff M, 2005. Performance in e-learning: online participation and student grades[J]. British Journal of Educational Technology, 36(4):657-663.

DeSmet A, Bastiaensens S, Van Cleemput K, et al., 2012. Mobilizing bystanders of cyberbullying: an exploratory study into behavioural determinants of defending the victim[J]. Stud Health Technal Inform, 2012(181): 58-63.

Dovidio J F, Piliavin J A, Gaertner S, et al., 1991. The arousal cost-reward model and the process of intervention: a review of the evidence[J]. Prosocial behavior (12): 86-118.

Eisingerich A B, Chun H E H, Liu Y, et al., 2015. Why recommend a brand face-to-face but not on facebook? how word-of-mouth on online social sites differs from traditional word-of-mouth[J]. Journal of Consumer Psychology, 25(1): 120-128.

Fang Y H, Chiu C M, 2010. In justice we trust: exploring knowledge-sharing continuance intentions in virtual communities of practice[J]. Computers in Human Behavior, 26(2): 235-246.

Fischer P, Greitemeyer T, Pollozek F, et al., 2006. The unresponsive bystander: are bystanders more responsive in dangerous emergencies? [J]. European Journal of Social Psychology 36(2): 267-278.

Fischer P, Krueger J I, Greitemeyer T, et al., 2011. The bystander-effect: a meta-analytic review on bystander intervention in dangerous and non-dangerous emergencies[J]. Psychological bulletin, 137(4): 517.

Forsyth D R, Zyzniewski L E, Giammanco C A, 2002. Responsibility diffusion in cooperative collectives[J]. Personality and Social Psychology Bulletin, 28(1): 54-65.

Frederik, Van, Acker, et al., 2014. The role of knowledge sharing self-efficacy in sharing open educational resources[J]. Computers in Human Behavior, 39(1): 136-144.

Garcia S M, Weaver K, Moskowitz G B, et al., 2002. Crowded minds: the implicit bystander effect[J]. Journal of Personality and Social Psychology, 83(4): 843.

Greitemeyer T, Fischer P, Kastenmüller A, et al., 2006. Civil courage and helping behavior: differences and similarities[J]. European Psychologist, 11(2): 90-98.

Hall H, Goody M, 2007. KM, culture and compromise: interventions to promote knowledge sharing supported by technology in corporate environments[J]. Journal of Information Science, 33(2): 181-188.

Hara N, Hew K F, 2007. Knowledge-sharing in an online community of health-care professionals

[J]. Information Technology & People, 20(3): 235-261.

Harasim L, 1989. On-line education: A new domain[M]. Oxford: Pergamon Press: 50-62.

Hiltz S R, Goldman R, 2005. What are asynchronous learning networks? [M]. Mahwah, NJ: Lawrence Erlbaum Associates: 3-18.

Ho S C, Ting P H, Bau, et al., 2011. Knowledge sharing intention in a virtual community: a study of participants in the Chinese Wikipedia[J]. Cyberpsychology, Behavior, and Social Networking, 14(9): 541-545.

Hogg M A, Abrams D, 1988. Social identifications: a social psychology of intergroup relations and group processes[M]. London: Routledge.

Hogg M A, Terry D J, White K M, 1995. A tale of two theories: a critical comparison of identity theory with social identity theory[J]. Social Psychology Quarterly (58): 255-269.

Holfeld B, 2014. Perceptions and attributions of bystanders to cyber bullying[J]. Computers in Human Behavior (38): 1-7.

Hone K S, El Said G R, 2016. Exploring the factors affecting mooc retention: a survey study [J]. Computers & Education (98): 157-168.

Hrastinski S, 2009. A theory of online learning as online participation[J]. Computers & Education, 52(1): 78-82.

Hsu M H, Ju T L, Yen C H, et al., 2007. Knowledge sharing behavior in virtual communities: the relationship between trust, self-efficacy, and outcome expectations[J]. International Journal of Human-Computer Studies, 65(2): 153-169.

Huang R, Kim H J, Kim J, 2013. Social capital in QQ China: impacts on virtual engagement of information seeking, interaction sharing, knowledge creating, and purchasing intention[J]. Journal of Marketing Management, 29(3-4): 292-316.

Hung S W, Cheng M J, 2013. Are you ready for knowledge sharing? An empirical study of virtual communities[J]. Computers & Education (62): 8-17.

Jadin T, Gnambs T, Batinic B, 2013. Personality traits and knowledge sharing in online communities[J]. Computers in Human Behavior, 29(1): 210-216.

Jaldemark J, Lindberg J O, Olofsson A D, 2006. Sharing the distance or a distance shared: social and individual aspects of participation in ICT-supported distance-based teacher education [M]. Jönköping: Jönköping University Press: 142-160.

Jeppesen L B, Laursen K, 2009. The role of lead users in knowledge sharing[J]. Research Policy, 38(10): 1582-1589.

Johnson D W, Johnson R T, Stanne M B, 2000. Cooperative learning methods: a meta-analysis [EB/OL]. (2007-10-23)[2022-3-1]. http://www.co-operation.org/pages/clmethods.

Joinson A N, 1999. Anonymity, disinhibition and social desirability on the Internet[J]. Behaviour Research Methods, Instruments and Computers, 31(3): 433-438.

Kozlov M D, Johansen M K, 2010. Real behavior in virtual environments: psychology experiments in a simple virtual-reality paradigm using video games[J]. Cyberpsychology, behavior, and social networking, 13(6): 711-714.

Lai H M, Chen T T, 2014. Knowledge sharing in interest online communities: a comparison of posters and lurkers[J]. Computers in Human Behavior (35): 295-306.

Langos C, 2012. Cyberbullying: the challenge to define[J]. Cyberpsychology, Behavior, and Social Networking, 15(6): 285-289.

Latané B, 1981. The psychology of social impact[J]. American Psychologist (36): 343-356.

Latane B, Darley J M, 1968. Group inhibition of bystander intervention in emergencies[J]. Journal of personality and social psychology, 10(3): 215.

Latanè B, Darley J, 1970. The unresponsive bystander: why doesn't he help? [M]. New York: Meredith Corporation.

Lee F S L, Douglas V, Moez L, 2003. Virtual community informatics: a review and research agenda[J]. Journal of Information Technology Theory and Application, 5(1): 47-61.

Jae-Nam, Lee, 2001. The impact of knowledge sharing, organizational capability and partnership quality on is outsourcing success[J]. Information & Management, 38(5): 323-335.

Lee M K O, Cheung C M K, Lim K H, et al., 2006. Understanding customer knowledge sharing in web-based discussion boards: an exploratory study[J]. Internet Research, 16(3): 289-303.

Levine M, 1999. Rethinking bystander non-intervention: Social categorization and the evidence of witnesses at the James Bulger murder trial[J]. Human Relations (52): 1133-1155.

Levine M, Cassidy C, Brazier G, et al., 2002. Self-Categorization and Bystander Non-intervention: two experimental studies[J]. Journal of Applied Social Psychology, 32(7): 1452-1463.

Levine M, Prosser A, Evans D, et al., 2005. Identity and emergency intervention: how social group membership and inclusiveness of group boundaries shapes helping behavior[J]. Personality and Social Psychology Bulletin (31): 443-453.

Levine M, Crowther S, 2008. The responsive bystander: how social group membership and group size can encourage as well as inhibit bystander intervention[J]. Journal of Personality and Social Psychology, 95(6): 1429.

Lewis C E, Thompson L F, Wuensch K L, et al., 2004. The impact of recipient list size and priority signs on electronic helping behavior[J]. Computers in Human Behavior, 20(5): 633-644.

Liao S, Chou E Y, 2012. Intention to adopt knowledge through virtual communities: posters vs. lurkers[J]. Online Information Review, 36(3): 442-461.

Lin M J J, Hung S W, Chen C J, 2009. Fostering the determinants of knowledge sharing in professional virtual communities[J]. Computers in Human Behavior, 25(4): 929-939.

Lipponen L, Rahikainen M, Lallimo J, el al., 2003. Patterns of participation and discourse in elementary students' computer-supported collaborative learning[J]. Learning and Instruction, 13(5): 487-509.

Lowenthal P R, Wilson B G, Parrish P, et al., 2009. Context Matters: a Description and Typology of the Online Learning Landscape[J]. Psychology(32): 78-89.

Lu Y, Zhao L, Wang B, 2010. From virtual community members to C2C e-commerce buyers: trust in virtual communities and its effect on consumers' purchase intention[J]. Electronic Commerce Research and Applications, 9(4): 346-360.

Macháková H, Dedkova L, Sevcikova A, et al., 2013. Bystanders' support of cyberbullied schoolmates[J]. Journal of Community & Applied Social Psychology,23(1): 25-36.

Markey P M, 2000. Bystander intervention in computer-mediated communication[J]. Computers in Human Behavior,16(2): 183-188.

Manning R, Levine M, Collins A, 2007. The Kitty Genovese murder and the social psychology of helping: the parable of the 38 witnesses[J]. American Psychologist (62): 555-562.

Martin K K, North A C, 2015. Diffusion of responsibility on social networking sites[J]. Computers in Human Behavior (44): 124-131.

McLeod P L, Baron R S, Marti M W, 1997. The eyes have it: minority influence in face-to-face and computer-mediated group discussion[J]. Journal of Applied Psychology (82): 706-718.

Mullen B, Copper C, 1994. The relation between group cohesiveness and performance: an integration[J]. Psychological Bulletin (115): 210-227.

Nielsen J, 2006. The 90-9-1 rule for participation inequality in social media and online communities[EB/OL]. (2020-2-13)[2021-11-6]. http://www.nngroup.com/articles/participation-inequality/.

Obermaier M, Fawzi N, Koch T, 2014. Bystanding or standing by? how the number of bystanders affects the intention to intervene in cyberbullying[J]. New Media & Society, 18(8): 1491-1507.

Oblinger D G, 2005. Learners, learning, and technology: the educause learning initiative[J]. Educause Review, 40(5): 66-75.

Park J H, Gu B, Leung A C M, et al., 2014. An investigation of information sharing and seeking behaviors in online investment communities[J]. Computers in Human Behavior (31): 1-12.

Park N, Oh H S, Kang N, 2012. Factors influencing intention to upload content on Wikipedia in South Korea: the effects of social norms and individual differences[J]. Computers in Human Behavior, 28(3): 898-905.

Pi S M, Chou C H, Liao H L, 2013. A study of facebook groups members' knowledge sharing[J]. Computers in Human Behavior, 29(5): 1971-1979.

Pi Z L, Chen M, Zhu F, et al., 2020. Modulation of instructor's eye gaze by facial expression in video lectures[J]. Innovations in Education and Teaching International(59): 15-23.

Price M, Dalgleish J, 2010. Cyberbullying: experiences, impacts and coping strategies as described by Australian young people[J]. Youth Studies Australia, 29(2): 51.

René F Kizilcec, Piech C, Schneider E, 2013. Deconstructing disengagement: analyzing learner subpopulations in massive open online courses[M]. International Conference on Learning Analytics & Knowledge, New York: ACM: 170-179.

Ridings C M, Gefen D, Arinze B, 2002. Some antecedents and effects of trust in virtual communities[J]. Journal of Strategic Information Systems (11): 271-295.

Rosenberg M J, 1969. The conditions of evaluation apprehension[M]. New York: Academic Press: 280-348.

Rutkowski G K, Gruder C L, Romer D, 1983. Group cohesiveness, social norms, and bystander intervention[J]. Journal of Personality and Social Psychology (44): 545-552.

Ryu S, Ho S H, Han I, 2003. Knowledge sharing behavior of physicians in hospitals[J]. Expert Systems with Applications, 25(1): 113-122.

Şahin M, 2012. The relationship between the cyberbullying/cybervictmization and loneliness among adolescents[J]. Children and Youth Services Review, 34(4): 834-837.

Schneider S K, O'Donnell L, Stueve A, et al., 2012. Cyberbullying, school bullying, and psychological distress: a regional census of high school students[J]. American Journal of Public Health, 102(1): 171-177.

Smith P K, Mahdavi J, Carvalho M, 2008. Cyberbullying: Its nature and impact in secondary school pupils[J]. Journal of child psychology and psychiatry, 49(4): 376-385.

Sohn C, 2001. Validity of web-based survey in IS related research as an alternative to mail survey [R]. AMCIS 2001 Proceedings: 318.

Sull E C, 2012. Teaching online with errol: a tried and true mini-guide to engaging online students [M]. Ontario: Magna Publication: 6-8.

Straus S G, 1996. Getting a clue: The effects of communication media and information distribution on participation and performance in computer-mediated and face-to-face groups[J]. Small Group Research (27): 115-142.

Sturmer S, Snyder M, Omoto A M, 2005. Prosocial emotions and helping: The moderating role of group membership[J]. Journal of Personality and Social Psychology (88): 532-546.

Subrahmanyam K, Reich S M, Waechter N, et al., 2008. Online and offline social networks: Use of social networking sites by emerging adults[J]. Journal of Applied Developmental Psychology (29): 420-433.

Suler J, 2004. The online disinhibition effect[J]. Cyberpsychology & behavior, 7(3): 321-326.

Sun, Szu-Yuan, Ju, et al., 2009. Influence on willingness of virtual community's knowledge sharing: based on social capital theory and habitual domain[J]. World Academy of Science, Engineering and Technology (53): 142-149.

Tajfel H, Turner J C, 1985. The social identity theory of intergroup behavior[J]. Psychology of intergroup relations, 13(3):7-24.

Tanford S, Penrod S, 1984. Social influence model: a formal integration of research on majority and minority influence processes[J]. Psychological Bulletin (95): 189-225.

Tseng F C, Kuo F Y, 2010. The way we share and learn: an exploratory study of the self-regulatory mechanisms in the professional online learning community[J]. Computers in Human Behavior, 26(5): 1043-1053.

Tseng F C, Kuo F Y, 2014. A study of social participation and knowledge sharing in the teachers' online professional community of practice[J]. Computers & Education (72): 37-47.

Tseng S M, Huang J S, 2011. The correlation between wikipedia and knowledge sharing on job performance[J]. Expert Systems with Applications, 38(5): 6118-6124.

Turner J C, Hogg M A, Oakes P J, et al., 1987. Rediscovering the social group: a self-categorization theory[J]. New York: NY Basil Blackwell.

Turner J C, Oakes P J, Haslam A, et al., 1994: Self and collective: Cognition and social context[J]. Personality and Social Psychology Bulletin (20): 454-463.

van Bommel M, van Prooijen J W, Elffers H, et al., 2012. Be aware to care: public self-awareness leads to a reversal of the bystander effect[J]. Journal of Experimental Social Psychology, 48(4): 926-930.

van den Hooff, Bart, de Ridder, et al., 2004. Knowledge sharing in context: the influence of organizational commitment, communication climate and CMC use on knowledge sharing[J]. Journal of Knowledge Management, 8(6): 117-130.

Voelpel S C, Eckhoff R A, Förster J, 2008. David against Goliath? Group size and bystander effects in virtual knowledge sharing[J]. Human Relations, 61(2): 271-295.

Vonderwell S, Zachariah S, 2005. Factors that influence participation in online learning[J]. Journal of Research on Technology in Education, 38(2): 213-230.

Wagner N, Hassanein K, Head M, 2010. Computer use by older adults: a multi-disciplinary review[J]. Computers in Human Behavior, 26(5): 870-882.

Wang S, Noe R, 2010. Knowledge sharing: A review and directions for future research[J]. Human Resource Management Review (20): 115-131.

Wenger E, 1998. Communities of practice: learning, meaning, and identity[M]. Cambridge: Cambridge University Press.

Wijnhoven F, 1998. Knowledge logistics in business contexts: analyzing and diagnosing knowledge sharing by logistics concepts[J]. Knowledge & Process Management, 5(3): 143-157.

Wilson B G, 1996. Constructivist learning environments: Case studies in instructional design

[M]. Englewood Cliffs, NJ: Educational Technology Publications: 3-8.

Wixom Barbara H, Todd, Peter A, 2005. A theoretical integration of user satisfaction and technology acceptance[J]. Information Systems Research, 16(1): 85-102.

Wasko M M, Faraj S, 2005. Why should I share? Examining social capital and knowledge contribution in electronic networks of practice[J]. MIS quarterly: 35-57.

Wann-Yih W U, Sukoco B, 2010. Why shouldI share? Examining consumers' motives and trust on knowledge sharing[J]. Journal of Computer Information Systems, 50(4): 11-19.

Xi Z, Pablos P, Xu Q, 2014. Culture effects on the knowledge sharing in multi-national virtual classes: a mixed method[J]. Computers in Human Behavior, 31(1): 491-498.

Yan Y, Davison R M, Mo C, 2013. Employee creativity formation: the roles of knowledge seeking, knowledge contributing and flow experience in Web 2.0 virtual communities[J]. Computers in Human Behavior, 29(5): 1923-1932.

Yang H, Lai C, 2011. Understanding knowledge-sharing behaviour in Wikipedia[J]. Behaviour & Information Technology, 30(1): 131-142.

Yang J, Morris M R, Teevan J, et al., 2011. Culture Matters: A survey study of social Q & A behavior[C]. ICWSM(11): 409-416.

Young M L, Tseng F C, 2008. Interplay between physical and virtual settings for online interpersonal trust formation in knowledge-sharing practice[J]. Cyberpsychology Behavior, 11(1): 55-64.

Zheng Y M, Zhao K, Stylianou A, 2013. The impacts of information quality and system quality on users' continuance intention in information-exchange virtual communities: an empirical investigation[J]. Decision Support Systems, 56(12): 513-524.